वैकल्य

वैकल्य

(महाराष्ट्र राज्य साहित्य अकादमी का
बाबूराव विष्णु पराडकर सम्मान प्राप्त)

डॉ. शिरीष गोपाल देशपांडे

अनुवाद

रमेश यादव

Vidya Vikas ACADEMY

विद्या विकास एकेडेमी

प्रकाशक : **विद्या विकास एकेडेमी**
3637 नेताजी सुभाष मार्ग दरियागंज, नई दिल्ली-110002
 • संस्करण : 2016 • मूल्य : दो सौ पचास रुपए
मुद्रक : आर-टेक ऑफसेट प्रिंटर्स, दिल्ली ISBN 978-93-84343-53-8

VAIKALYA *by* Dr. Shireesh Gopal Deshpande ₹ 250.00
Published by VIDYA VIKAS ACADEMY
3637 Netaji Subhash Marg, Darya Ganj New Delhi-110002

पति के व्रत को स्वयं का व्रत मानकर उसका अनुसरण करना ही पतिव्रता धर्म है। किंतु कठोर तपस्या की अवस्था में भी 'वैकल्य' की स्थिति न आने देना...।

संसार की ऐसी
महान् स्त्रियों के प्रतिनिधि के रूप में
डॉ. (श्रीमती) प्रमिलाताई वारदेकर
और
श्रीमती साधनाताई आमटे को
समर्पित

भूमिका

'वैकल्य' मराठी भाषा और साहित्य के सुप्रसिद्ध रचनाकार डॉ. शिरीष गोपाल देशपांडे द्वारा रचित अत्यंत अछूते तथा मर्मस्पर्शी विषय का हृदयग्राही वर्णन प्रस्तुत करनेवाली औपन्यासिक कृति है, जिसके वैशिष्ट्य को अक्षुण्ण रखते हुए श्री रमेश यादव ने हिंदी के पाठकों को एक नया स्वारस्य प्रदान किया है।

प्रसिद्ध मराठी रचनाकार स्वर्गीय चंद्रकांत खोत के उपन्यास 'बिंब-प्रतिबिंब' का अनुवाद करनेवाले रमेश यादव से हिंदी का पाठक संसार सुपरिचित है।

कुष्ठ रोग के प्रति सामान्य जन की पारंपरिक अवधारणा अनेक रूढ़ियों से ग्रस्त है। किसी भी व्यक्ति को यह व्याधि लग जाए तो उसकी स्थिति अत्यंत पीड़ादायी हो जाती है। कुष्ठ के लक्षण प्रकट होते ही दुराव और अस्पृश्यता की मनोदशा उत्पन्न हो जाती है।

ऐसे दुर्भाग्यपूर्ण सामाजिक परिवेश में कुष्ठ रोगियों के लिए 'पितु मातु सहायक सखा' बनकर सामने आते हैं—डॉ. रावेकर और उनकी सहधर्मिणी।

ये दोनों महाप्राण अस्मिताएँ मनुष्यता की मिसाल बनती हैं और इनके साथ-साथ डॉ. वामन रावेकर के शिष्य अप्पा गुरुजी भी कुष्ठ पीड़ितों की सेवा के नए प्रतिमान स्थापित करते हैं।

समाज जिन्हें तिरस्कृत करता है, उनकी घर वापसी, उनके संपूर्ण स्वास्थ्य

लाभ की पूरी जिम्मेदारी निस्संकोच यदि कोई उठाने की चुनौती को स्वीकार करता है, तो उस व्यक्ति की मानसिक और कायिक सामर्थ्य निस्संदेह अभिवंदनीय है।

इस कृति में अत्यंत संवेदनशील सामाजिक संदर्भ को उठाया गया है। दुर्भाग्यवश यदि कोई व्यक्ति इस व्याधि से ग्रसित हो जाता है तो उसके भीतर अत्यंत विपरीत मनोदशाएँ उत्पन्न होने लगती हैं। सामाजिक अवमानना से उत्पन्न हीनता या कुंठा का बोध रोगी मनुष्य की सुख-शांति पर हावी होने लगता है।

कितनी ही भ्रांतियाँ फैली हैं इस रोग के विषय में—

—यह रोग वंशानुगत है।

—यह संक्रामक है।

—इसका कोई उपचार नहीं।

मानसिक विभ्रम के ऐसे ही घटाटोप में दृढनिश्चयी, सेवा संकल्पव्रती बनकर डॉ. रावेरकर दंपती सामने आता है। पति-पत्नी दोनों मूक सेवक हैं और पूर्ण समर्पण भाव से कुष्ठ रोगियों की सेवा का दायित्व उठाते हैं। इनके अनन्य शिष्य अप्पा गुरुजी इस सेवा कार्य में हाथ बँटाते हैं।

सच्ची समाज सेवा का जीवंत दर्शन सामने रखते हैं डॉ. वामन देवदत्त रावेकर। अंतरराष्ट्रीय ख्याति के विद्वान् नागपुर निवासी डॉक्टर दंपती कुष्ठ रोग उन्मूलन का व्रत लेकर एक योजनाबद्ध आंदोलन चलाते हैं।

अप्पा मार्जनी गुरुजी भारतीय प्रशासनिक सेवा के अधिकारी हैं। कुष्ठ ग्रस्त होने के बाद वे नौकरी से त्यागपत्र देने तथा पूर्ण स्वास्थ्य लाभ करने के पश्चात् 'सुख निधान' कुष्ठाश्रम की स्थापना करते हैं।

आश्रम की यशोगाथा प्रसरित होती है। अप्पा इस कार्य का पूरा श्रेय डॉ. रावेकर को देना चाहते हैं, लेकिन यशोभीरु रावेकर ऐसा नहीं चाहते।

यह रचना निस्स्वार्थ सेवा भाव का विलक्षण उदाहरण प्रस्तुत करती है।

मराठी और हिंदी के सुविज्ञ रचनाकार श्री रमेश यादव ने मराठी भाषा के शब्द–सौष्ठव को अक्षुण्ण रखते हुए उपन्यास का प्रांजल भावानुवाद किया है।

हिंदी पाठक संसार नई भावभूमि वाली इस रचना का स्वागत करेगा, इसी विश्वास के साथ,

—ऋता शुक्ल

(वरिष्ठ साहित्यकार)

चिंतन

मनुष्य ने जब से होश सँभाला और ज्ञान-विज्ञान की ओर कदम बढ़ाया, यह प्रश्न उसे हमेशा मथता रहा कि आखिर इस जीवन का लक्ष्य क्या है? भारतीय मनीषियों ने बड़े पैमाने पर इस प्रश्न से संबंधित विमर्श किया है और अनेक प्राचीन ग्रंथों में इस पर गहन चिंतन-मनन उपलब्ध है। किसी तरह जीवित रह लेना या अधिक हुआ तो वैभवपूर्ण और सुख-सुविधाओं भरा जीवन जी लेना निजी उपलब्धि भले ही हो, जीवन का मूलभूत लक्ष्य नहीं हो सकता। जीवन का लक्ष्य तो उसे ही स्वीकार किया जा सकता है जो मनुष्य मात्र के लिए हितकारी हो और जिससे हमारा समाज अधिक परिष्कृत और मानवीय बने।

मराठी के सुप्रसिद्ध साहित्यकार और लेखक डॉ. शिरीष गोपाल देशपांडे द्वारा लिखा गया प्रस्तुत उपन्यास 'वैकल्य' मनुष्य की इसी उदात्त भावना और लक्ष्य को समर्पित है। यह कुष्ठ जैसे घातक रोग से जूझते डॉ. रावेकर दंपती की तपस्या, मानवीय गुणों और सरलता को तो शब्द देता ही है, यह भी सिखाता है कि ऐसे रोगों के प्रति हमारी वास्तविक सोच क्या हो! कुष्ठ रोगी को आज भी प्राय: कई मोरचों पर जूझना पड़ता है, अपने रोग से अधिसंख्य समाज की तिरस्कार भावना से और अंतत: अपनी हीनभावना से भी, जो सभी मिलकर उसे हर तरह से तोड़ने में कोई कसर नहीं रखते और संबंधित रोगी ऐसे में जीते-जी स्वयं के लिए बोझ बन जाता है। उपन्यास में डॉ. वामन रावेकर के शिष्य अप्पा गुरुजी उन 'दुनियादार' समाजसेवियों के प्रतिनिधि हैं, जिनके लिए समाजसेवा व्यक्तित्व विकास और इसकी पृष्ठभूमि

में आर्थिक-सामाजिक लाभ का भी माध्यम है। इनसे गुजरते हुए वे उपलब्धियों के शिखर छूने के दौरान डॉ. रावेकर दंपती की यह सलाह नहीं मानते कि उन्हें आश्रम पद्धति को बढ़ावा देने की जगह संबंधित जनजागरण और कुष्ठ रोगियों के ठीक होने पर उन्हें घर-समाज में फिर से लौटने के लिए प्रेरित करने पर अधिक ध्यान केंद्रित करना चाहिए। समाज को बदलता न देख डॉ. रावेकर दंपती गुमनामी में खामोशी के साथ एकांत जीवन का अपना अलग रास्ता चुन लेते हैं और दूसरी ओर शासन अप्पा गुरुजी को 'महान् संत' के रूप में उनकी सराहनीय समाज सेवा के लिए पुरस्कृत करता है। ऐन समारोह के दौरान अप्पा गुरुजी सच को होंठों पर आने से रोक नहीं पाते और पुरस्कार लेते हुए उन्हें यह स्पष्ट करने में कोई हिचकिचाहट नहीं होती कि इस पुरस्कार के वास्तविक अधिकारी डॉ. रावेकर दंपती हैं।

इस तरह यह चर्चित उपन्यास 'वैकल्य' स्थूल स्वार्थों पर मानवीय सद्गुणों की जीत रेखांकित करता है, उनकी प्रशस्ति गाता है। अपने ढंग के इस अनूठे उपन्यास का अनुवाद श्री रमेश यादव ने किया है, जो अपनी साहित्यिक अभिरुचि और मराठी व हिंदी भाषाओं पर भरपूर अधिकार के लिए जाने जाते हैं। उत्तर प्रदेश हिंदी संस्थान इस चर्चित मराठी उपन्यास का हिंदी अनुवाद विभिन्न भारतीय भाषाओं का सद्साहित्य राष्ट्रभाषा हिंदी में उपलब्ध कराने की अपनी महत्त्वाकांक्षी भारतीय भाषाओं की साहित्य कृतियों की अनुवाद-योजना के अंतर्गत कर रहा है। आशा है, जागरूक हिंदी संसार इसे इस क्रम में अबतक प्रकाशित उड़िया, पंजाबी और मलयालम आदि विभिन्न भारतीय भाषाओं के सत्साहित्य की तरह ही अपनाएगा और इसका स्वागत करेगा।

—प्रभात कुमार मिश्र

पूर्व निदेशक (उत्तर प्रदेश, हिंदी संस्थान)

(प्रथम संस्करण, 2007 से)

निवेदन

यह निर्विवाद है कि दया, प्रेम, करुणा और अन्य मानवीय गुणों के साथ हर कदम पर मजबूती के साथ खड़ा साहित्य ही साहित्य की मूलभूत कसौटी पर खरा उतरता है। वह नायक-नायिकाओं की जीवनगाथा हो या समाज की संगति/विसंगति को शब्द दे रहा हो, मानवीय और समाज कल्याण प्रेरित लक्ष्य उसके चेतन-अवचेतन में हमेशा रहते हैं। दुनिया की किसी भी भाषा और किसी भी समय में लिखा गया साहित्य ले लीजिए, वही चिरस्थायी हो सका, जो इस महान् लक्ष्य को समर्पित था।

भारतीय भाषाओं के साहित्य की ऊँचाइयाँ निर्विवाद हैं और इसके मूल में मानवीय गुणों के प्रति उसका यही समर्पण है। इसी के चलते वह इतना विविधतापूर्ण होने के बावजूद भारतीयता की मूलभूत ऊँचाइयों को स्वर देता है। ऐसे ही साहित्य में मराठी साहित्य की स्मृति अत्यंत आत्मीयता के साथ कौंधती है। विशेषकर मराठी में अनेक ऐसे विषयों पर समय-समय पर विशिष्ट लेखन हुआ है, जिनपर दूसरी भाषाओं में या तो नहीं या कम या बहुत बाद में लिखा गया। ऐसा ही एक विषय कुष्ठ रोग जैसी महामारियों के खिलाफ जनजागरण का है। डॉ. शिरीष गोपाल देशपांडे का चर्चित उपन्यास 'वैकल्य' इस गंभीर समस्या को बहुत प्रखरता से उठाता है और इस तरह की समाजसेवा के सकारात्मक एवं नकारात्मक पहलुओं को अत्यंत स्पष्टता के साथ इंगित करता है। उत्तर प्रदेश हिंदी संस्थान के लिए इसका प्रवाहपूर्ण अनुवाद श्री रमेश यादव ने किया है, जो हिंदी और मराठी भाषाओं पर भरपूर अधिकार के लिए जाने जाते हैं। समय-समय पर दोनों ही भाषाओं में उनका

लेखन सामने आता रहा है। इस प्रेरक उपन्यास 'वैकल्य' के प्रवाहपूर्ण अनुवाद के लिए मैं उन्हें विशेष रूप से साधुवाद देता हूँ और अपेक्षा करता हूँ कि उनकी यह साहित्य-सेवा भविष्य में भी ऊर्जावान रहेगी।

यह विकास की विसंगति ही है कि प्रगति के तमाम सोपानों के बीच विभिन्न भारतीय भाषाओं का अधिकांश सत्साहित्य एक-दूसरे के लिए आज भी अधिकतर संदर्भों में अपरिचित है। राष्ट्रभाषा हिंदी में यह साहित्य उपलब्ध हो, हाल के वर्षों में उत्तर प्रदेश हिंदी संस्थान इस दिशा में विशेष रूप से सक्रिय रहा है और अब तक विभिन्न भारतीय भाषाओं की अनेक रचनाएँ इसके अंतर्गत प्रकाशित होकर राष्ट्रभाषा की श्रीवृद्धि कर रही हैं। 'वैकल्य' से यह साहित्य भंडार और धनी होगा, ऐसी आशा है। विश्वास है कि हिंदी के जागरूक पाठकों के बीच अपनी तरह की यह अनूठी मराठी रचना सराही जाएगी, आत्मीयता पाएगी।

—सोम ठाकुर

पूर्व कार्यकारी उपाध्यक्ष, उ.प्र. हिंदी संस्थान

(प्रथम संस्करण, 2007 से)

अपनी बात

'वैकल्य' की दूसरी आवृत्ति आप लोगों को समर्पित करते हुए हर्ष की अनुभूति हो रही है। इस कृति के माध्यम से पत्रकारिता के बाद साहित्य जगत् की किताबी दुनिया में मैंने प्रवेश किया। अत: यह मेरे जीवन की एक सुनहरी याद भी है। इस कृति का अपना एक वजूद है, जो मुझ जैसों के दिलों में अपना एक विशेष स्थान रखती है। सबका नाम गिनाना तो संभव नहीं है, पर से.रा. यात्री, डॉ. विभूति नारायण राय, आबिद सुरती, नंदकिशोर नौटियाल, डॉ. ओमप्रकाश भारती, प्रकाश मनु, डॉ. ऋता शुक्ल, डॉ. रमेश मिलन, रमेश तैलंग, डॉ. रवींद्र प्रसाद सिंह 'नाहर', डॉ. वि.वि. डोंगरे, डॉ. राजम नटराजन, गुलाबचंद यादव, मराठी के वरिष्ठ साहित्यकार स्व. चंद्रकात खोत, स्व. आलोक भट्टाचार्य जैसी विभूतियों का स्मरण जरूर करना चाहूँगा, जिनकी उत्स्फूर्त प्रतिक्रियाओं ने एक अदने से लेखक की हौसला आफजाई की, जो मेरे लिए किसी वरदान से कम नहीं है।

जीवन की कोई भी पहली खास अनुभूति अपनी अमिट छाप छोड़ती है। वह आजीवन यादगार बनकर गुदगुदाती है, हँसाती है, रुलाती है और संघर्ष के दिनों की याद दिलाती है और न जाने क्या-क्या कराती है। 'सृजन की झनकार' पुस्तक का रूप ले और पाठकों के दिलों को स्पर्श करती हुई गुणीजनों में चर्चित हो, एक रचनाकार के लिए भला इससे बड़ी सुखद घटना और क्या हो सकती है! इस कृति ने अनुभवों के अप्रतिम क्षणों को जीने का मौका दिया। वाह-वाही और शाबाशी की बरसात हुई।

पहली आवृत्ति उत्तर प्रदेश हिंदी संस्थान (लखनऊ) ने छापी थी। अत:

संस्थान के प्रति तहे दिल से आभार व्यक्त करता हूँ। तत्पश्चात् इस पुस्तक का लोकार्पण समारोह भी बहुत ही अद्‌भुत और कल्पकता से संपन्न हुआ था, जो काफी चर्चित रहा। इस समारोह के बाद शहर के हिंदी-मराठी साहित्य जगत् में एक अलग पहचान बनी। मान्यवरों ने कई तरह की सुखद प्रतिक्रियाएँ दीं। दिल को छू लेने वाली वो प्रतिक्रिया आज भी तरोताजा है। 'कुष्ठ रोग जैसे नीरस विषय पर आधारित उपन्यास का लोकार्पण जिस संजीदगी, कल्पकता और मेहनत से संपन्न हुआ, उससे यह आयोजन एक विशेष ऊँचाई पर पहुँच गया। यह आयोजन इतना बोधपरक, शिक्षापरक और गरिमामय हो सकता है, इसकी हमने कल्पना भी नहीं की थी। हमें यह सोचने पर मजबूर कर दिया है कि साहित्यिक कार्यक्रमों का आयोजन इस तरह से भी किया जा सकता है।'

मित्रो! जीवन में इससे बड़ा सम्मान और क्या हो सकता था! उस निराले आयोजन में शामिल उन सभी मित्रों एवं विभूतियों को मैं दिल से नमन करता हूँ। इसके बाद इस कृति को साल 2006-07 में महाराष्ट्र राज्य साहित्य अकादमी का 'बाबूराव विष्णु पराड़कर पुरस्कार' प्राप्त हुआ, जिसने मेरे जीवन के डोलायमान कॅरियर की दिशा बदल दी और मैं पूरी तरह से साहित्य सृजन में रमता चला गया। इस पुस्तक के मूल लेखक प्रो. डॉ. शिरीष गोपाल देशपांडेजी को नमन करते हुए उनके प्रति जितना भी आभार व्यक्त करूँ, वह कम है। उन्होंने मुझ जैसे नवांकुर पर भरोसा करते हुए अनुवाद की यह जिम्मेदारी सौंपी। इस अनूदित कृति ने जितनी सुखद अनुभूतियाँ मुझे दीं, उतनी मूल कृति के सर्जक देशपांडेजी को भी नहीं मिलीं, इस बात का जिक्र जब उन्होंने मुझसे किया तो मैं गद्‌गद हो गया।

इस लोकार्पण समारोह में अलर्ट इंडिया के डॉ. वि.वि. डोंगरे उपस्थित थे, जिन्होंने अपना पूरा जीवन कुष्ठ रोगियों की शुश्रूषा में बिता दिया और इस अवसर पर अपने तमाम अनुभवों को साझा किया। हमारे देश तथा अन्य देशों में इस रोग को लेकर सद्यःस्थिति तथा उपलब्ध चिकित्सा पद्धति से अवगत कराया। कभी कुष्ठ रोगी रहे लालता प्रसाद यादव ने लंबे इलाज से स्वस्थ होने के बाद अपने परिवार के साथ सुखी जीवन बिताने की दास्तान सुनाई।

लोगों ने खड़े होकर उनको सलाम किया। वे अब अपना शेष जीवन कुष्ठ रोग के इलाज, प्रचार–प्रसार और जन–जागृति में बिता रहे हैं। लोगों से कहते फिर रहे हैं कि यह रोग ठीक हो सकता है और स्वस्थ मरीज को घर में पुनः वापस लाया जा सकता है। उसे भी अपने परिवार के साथ जीवन बिताने का अधिकार मिलना चाहिए।

समाज में कई कुष्ठ रोगियों की कहानियाँ ऐसी ही हैं कि वे आजीवन आश्रम में रहने को मजबूर हैं। स्वस्थ होने के बाद इच्छा होते हुए भी समाज में फैले अंधविश्वासों के चलते वे अपने घरों को नहीं लौट सकते, क्योंकि परिवार और समाज उन्हें स्वीकार नहीं करता। उन्हें भय है कि उनके परिवार से कोई रोटी–बेटी का रिश्ता नहीं रखेगा। नाती–पोते उन्हें पहचानने से इनकार कर देंगे। इस तरह हजारों स्वस्थ रोगी आज भी आश्रम में गुमनाम जीवन बिताने को मजबूर हैं। यह जीवन की कितनी बड़ी त्रासदी है!

इसका दूसरा पक्ष है—वर्धा के पास वरोरा स्थित बाबा आमटे द्वारा स्थापित आनंदवन आश्रम। जो मूलतः कुष्ठ रोगियों के लिए बनाया गया था। हजारों की आबादी वाला यह पूरा गाँव आज ग्राम पंचायत का दर्जा प्राप्त कर चुका है। यहाँ उनके पुनर्वास की पूरी व्यवस्था की गई है। उदर–निर्वाह के लिए रोजगार, स्कूल, कॉलेज और अस्पताल के साथ–साथ जीवन की संध्या–छाया में सहारे के लिए जीवनसाथी चुनकर आपस में विवाह करने की भी सुविधा है। अधिकांश लोग ऐसे भी हैं, जिनका नाता अपने घर–परिवार से पूरी तरह टूट चुका है। स्व. बाबा आमटे और साधना ताई आमटे उनके लिए देवता समान थे।

कुष्ठ रोगियों के लिए अलग से कुष्ठ–गृह बनाने का प्रचलन हमारी समाज व्यवस्था में पहले से ही मौजूद रहा है। गांधीजी खुद इस सोच के खिलाफ थे। वे चाहते थे कि कुष्ठ रोगियों को समाज में घृणा की दृष्टि से नहीं देखा जाना चाहिए और उनके प्रति सहानुभूतिपूर्ण रवैया अपनाया जाना चाहिए। इसके तहत उनका इलाज भी अन्य बीमारियों की तरह सामान्य अस्पतालों में किया जाना चाहिए।

उपन्यास खत्म होते ही मन में कई प्रश्न उठते हैं, जो झकझोरकर रख देते हैं। इनका जवाब या तो सरकारी फाइलों में मिलेगा या इस तरह के आश्रमों में। अपने समाधान के लिए मैं तीन बार आनंदवन और मुंबई के एक्वर्थ अस्पताल गया। कुष्ठ रोग 'माइक्रोबेक्टीरियम लेप्रे' नामक एक दंडाकार बैक्टीरिया के कारण होता है। इस कीटाणु की खोज सन् 1873 में गरहार्ड हेनरिक अर्मावर हानसेन नामक वैज्ञानिक ने की थी। यह एकमात्र बैक्टीरिया है, जो तंत्रिका में प्रवेश करके अंगों को क्षति पहुँचाता है। छूत वाले रोगों में कुष्ठ सबसे कम संक्रमणकारी होता है। रोगियों में केवल 10-15 फीसदी लोग ही संक्रामक होते हैं। आज वक्त बदल गया है, विज्ञान की प्रगति ने कई समस्याओं का हल निकाल लिया है, कई प्रकार की औषधियाँ और टीके आज उपलब्ध हैं। दुनिया के 113 देशों से कुष्ठ रोग का उन्मूलन किया जा चुका है। भारत समेत नौ ऐसे देश हैं, जहाँ इस रोग के मरीजों की संख्या अधिक है। चूँकि यह एक उपन्यास है, कोई शोध-ग्रंथ नहीं, अतः इस चर्चा को हम यहीं पर विराम देते हैं, इस उम्मीद के साथ कि आगे की कहानी आप उपन्यास में पढ़ें।

इस उपन्यास की विषयवस्तु ने मेरे अंतर्मन को छू लिया था। अतः जब दूसरी आवृत्ति की बात चली और तकनीकी कारणों से उत्तर प्रदेश हिंदी संस्थान ने इसको प्रकाशित करने में अपनी असमर्थता जताई तो मन निराश हो गया। निराशा के इन्हीं पलों में मनीषी लेखिका डॉ. ऋता शुक्ल के माध्यम से बात प्रभात प्रकाशन तक पहुँची और यह दूसरी आवृत्ति नई शक्ल-सूरत में आपके अवलोकनार्थ प्रस्तुत है। आशा है, इस ओल्ड वाइन को नई बोतल में पाकर आप लोग भी अपनी प्रतिक्रियाओं सहित मेरी इस खुशी में शामिल होंगे। त्रुटियों के लिए क्षमाप्रार्थी हूँ। प्रभात प्रकाशन और डॉ. ऋता शुक्ल को तहे दिल से नमन।

पांडुलिपि से पुस्तकाकार तक के सफर-सारथी रहे—मित्र डॉ. रवींद्र कात्यायन, प्रभात कुमार मिश्र, सोम ठाकुर, अनिल मिश्र, मदन मोहन, स्व. प्रदीप तिवारी, अरविंद लेखराज जैसे तमाम मित्रों, विद्यार्थी उत्कर्ष मंडल,

कॅन बैंक परिवार एवं नाट्य मंडली परिवार तथा अपने घर-परिवार से उत्रृण हो पाना संभव नहीं है। अत: उनके ऋण में रहना ही मैं अधिक पसंद करूँगा। आप लोगों की प्रतिक्रियाओं का इंतजार रहेगा।

धन्यवाद!

—रमेश यादव

481/161 विनायक वासुदेव
एन.एम. जोशी मार्ग, चिंचपोकली (पश्चिम)
मुंबई-400011
फोन : 09820759088
email: rameshyadav0910@yahoo.com

आशीर्वचन

'वैकल्य' नामक मूल मराठी उपन्यास का श्री रमेश यादव द्वारा किया गया हिंदी अनुवाद पढ़कर मन में बड़ी मिश्रित अनुभूतियाँ आंदोलित हो उठीं। इसे पढ़ते हुए आश्चर्य, आनंद, यातना, करुणा, ऐसी न जाने कितनी संवेदनाओं से गुजरता है पाठक।

कुष्ठ रोग को केंद्र में रखकर यह उपन्यास लिखा गया है। कुष्ठ रोग का आतंक व उससे संबंधित विभिन्न रूढ़ मान्यताओं से हम सभी परिचित हैं। यह एक ऐसा रोग है, जिसे लेकर समूचा समाज असमंजस व दुविधा का शिकार रहा है। इसलिए इस रोग के प्रति, इस रोग का शिकार मरीज के प्रति, उसके परिवार के प्रति, सारी सहानुभूति के बावजूद, एक स्वस्थ दृष्टिकोण विकसित नहीं हो पाया है, न ही यह स्पष्ट है कि इस रोग के दौरान औरों की भूमिका क्या होनी चाहिए? यह एक मनोवैज्ञानिक सत्य है कि अस्पष्टता व्यक्ति को अधिक भयभीत करती है। कुष्ठ रोग हमारे सामने एक ऐसी ही उलझी हुई और जटिल बीमारी है, जिसके बारे में ठीक-ठीक न जानने के कारण हम अधिक भयभीत होते हैं।

हम चाहे साहित्य को समाज का दर्पण कहें, पर समाज में फैले कुष्ठ रोग को लेकर लिखा गया (अनूदित ही सही) यह शायद हिंदी का पहला उपन्यास है। इस रोग को लेकर इससे पहले कुछ लिखा गया हो, याद नहीं आता। इस उपन्यास के मूल लेखक प्रो. शिरीष देशपांडे व इसके हिंदी अनुवादक श्री रमेश यादव दोनों ही बधाई के पात्र हैं। 'वैकल्य' नामक यह उपन्यास समाज में कुष्ठ रोग को लेकर व्यापक जनजागृति फैलानेवाला

उपन्यास हो सकता है, बशर्ते कि इसे व्यापक स्तर पर प्रस्तुत किया जाए।

इसके साथ-साथ इसकी करुण गाथा गहरे भिगोती है, जो इसके इलाज से संबंधित है। यह गाथा इलाज के साथ-साथ दो दिग्गजों के मौन संघर्ष की भी कथा बन जाती है, क्योंकि दोनों ही अपने-अपने व्यक्तित्व और स्वत्व को आविष्कृत करने की प्रक्रिया से गुजरते हैं। इस प्रक्रिया में एक व्यक्ति एक प्रकार से 'संतत्त्व' के स्तर पर पहुँचा हुआ है, तो दूसरा अपनी संकीर्ण मानसिकता पर विजय पाकर ऊर्ध्वगामी स्तर पर उठता चला गया है। इस प्रकार यह उपन्यास बहुआयामी रचना होकर पाठक की संवेदना को अनेक स्तरों पर आंदोलित करता है।

'वैकल्य' जैसी कृतियाँ केवल आनंद ही नहीं देतीं, साहित्य की सामाजिक प्रतिबद्धता को भी सिद्ध करती हैं।

आशा है, हिंदी जगत् में इस कृति का व्यापक स्वागत होगा व अनुवादक श्री रमेश यादव को मराठी की अन्य श्रेष्ठ कृतियों को हिंदी में लाने की प्रेरणा तथा प्रोत्साहन मिलेगा।

—माधुरी छेड़ा

प्रोफेसर व पूर्व अध्यक्ष, हिंदी विभाग, डायरेक्टर,
एस.एन.डी.टी. महिला विश्वविद्यालय
मुंबई—400020

दृष्टियों की सीमा पर

(1)

"तुम्हें अपने उपन्यास के लिए सरकार की तरफ से पुरस्कार मिला है, तुम्हें कुष्ठरोग पर लिखना चाहिए।"

"जरूर लिखूँगा।"

तपस्वी शिवाजीराव पटवर्धन ने आदेश दिया और मैंने हामी भर दी। वैसे तो किसी के आदेश का पालन करना मेरा स्वभाव नहीं है। मेरे अंदर के लेखक को तो यह बिल्कुल ही स्वीकार नहीं है, पर⋯।

शिवाजीराव पटवर्धन, डॉ. वारदेकर, बाबा आमटे और मनोहर दीवाण वर्धा के आसपास रहनेवाले उन साहसी और महान् विभूतियों के नाम हैं, जिन्होंने कुष्ठरोग निवारण के लिए अपनी शैली में विशेष कार्य किया है।

मेरे दादाजी मनोहर पंत अर्थात् भाऊ साहेब देशपांडे, जो पेशे से वकील थे, उनकी इन चारों से बड़ी ही आत्मिक घनिष्ठता और घरेलू संबंध थे। अत: मेरे मन में भी उनके प्रति आदर और अपनत्व की भावना थी, शायद इसीलिए शिवाजीराव की आज्ञा मुझे बोझिल सी प्रतीत नहीं हुई। स्वयं मेरे मन में भी इस विषय पर लिखने की तीव्र इच्छा थी। दोनों का ताल-मेल ठीक बैठ गया और उपन्यास-लेखन का यह कार्य संपन्न हुआ। कुष्ठरोग पर लिखे गए अधिकांश लेख व अन्य रचनाएँ, इस रोग की तरह ही हताश और निराश तथा पराभूत करनेवाली मनोवृत्ति के थे। इन दोनों मनोवृत्तियों से मेरी सोच कुछ अलग थी।

उपन्यास का शिल्प ललित गद्य जैसा हो और जनजागृति उसका मुख्य

उद्देश्य हो, यह धारणा मेरे मन में स्पष्ट थी। इस धारणा के प्रति मैं स्वयं कृतसंकल्प था। सृजनकला का प्रयोजन क्या हो? कैसे हो? क्यों हो? यह पढ़ाना ही मेरा पेशा है, अतः मुझे सृजन के शिल्प की चिंता नहीं थी। फिर भी वास्तविकता क्या है, यह मैं आप लोगों को बताता हूँ।

यह दो महापुरुषों के बीच मौन संघर्ष की गाथा है। मात्र इतना ही नहीं, बल्कि भोली-भाली श्रद्धा, पूर्वग्रह, क्षेत्र-विशेषता, पक्षपात, गलतफहमी इत्यादि कई प्रवृत्तियों का खेल भी इसमें शामिल है।

एक विशिष्ट भावना से ग्रसित व्याकुल पत्रकार की दृष्टि से, इन घटनाओं का अवलोकन किया जा रहा है। इस अवलोकन का आधार है—सुसंस्कृत पृष्ठभूमि, मानव जीवन में छिपे दैवत्व की भावना को तलाशने की मनीषा, आत्मीयता, समर्पण और प्रेम जैसे तत्त्व।

(2)

कुष्ठरोग, इस उपन्यास की समस्या नहीं है, बल्कि यह एक संदर्भ मात्र है। पहली नजर में ऐसा प्रतीत होता है कि उपन्यास व्यक्ति-स्वभाव को उजागर कर रहा है, पर गहराई में जाने के बाद पता चलता है कि विषय की आंतरिक समस्या दृष्टि और विज्ञानपरक है।

वास्तव में देखा जाए तो आज के इस युग में शास्त्रीय दृष्टिकोण और सामाजिक दृष्टिकोण में कोई खास अंतर नहीं होना चाहिए। किसी समस्या के निदान के लिए उसके शास्त्रीय दृष्टिकोण की परख अत्यंत महत्त्वपूर्ण होती है। इसके अभाव में सिर्फ सामाजिक दृष्टिकोण से समस्या को परखना पंगुता ही दर्शाता है। विद्वान् महानुभावों ने अपना दृष्टिकोण प्रस्तुत किया, उसके बावजूद भी यह समाज उन विचारों को स्वीकार नहीं करता। तब लगता है कि सचमुच हम सभी को अलग-अलग संदर्भों में जनजागृति रूपी शिक्षा की आवश्यकता है।

जनजागृति और लोकशिक्षा के उद्देश्य से, ललित लेखन शैली में, मेरी यह छोटी सी कोशिश है।

(3)

जब से शिवाजीराव की आज्ञा हुई, तब से लेकर आज तक वरिष्ठ साहित्यकार राम शेवालकरजी की भूमिका एक साक्षीदार की रही है। मैं उनका अत्यंत ऋणी हूँ। कुष्ठरोग पर लेखकों की एक कार्यशाला 'गांधी मेमोरियल लेप्रसी फाउंडेशन' वर्धा में संपन्न हुई। उस समय मैं यह उपन्यास लिख रहा था।

इस उपन्यास के लेखन में कई लोगों ने बहुत मदद की है। लोगों ने कई प्रकार की सूचनाएँ दीं। कुछ सूचनाओं पर अमल भी किया, पर सभी सूचनाओं पर अमल करना मेरे लिए संभव नहीं था। प्रो. राम पटवर्धन, अ. ल. लिमये, शंकरराव बालेकर, नंदा खरे, डॉ. बालासाहेब भालेराव, सुधाकरराव तारे, दामुभाई वेले, डॉ. जोशी, प्रो. शेंडे, दिनकर राव, आशाताई कावले, ग्रेस, द्वादशीवार··· और अन्य कई हैं, जिनके प्रति मैं कृतज्ञतापूर्वक आभार व्यक्त करना चाहता हूँ।

मेरे शिष्य एवं मित्र रमेश यादव ने इस उपन्यास के हिंदी अनुवाद एवं प्रकाशन को लेकर जो मेहनत की है, उसे शब्दों में बयाँ नहीं कर सकता। आभार शब्द उन्हें अच्छा नहीं लगेगा, इसलिए मराठी में कहता हूँ—'चांगभलं।'

पुस्तकों और शोध-पत्रिकाओं के प्रति कृतज्ञता कैसे व्यक्त की जाती है, इसकी मुझे जानकारी नहीं है।

—डॉ. शिरीष गोपाल देशपांडे

पूर्व प्रमुख मराठी अनुभाग (स्नातकोत्तर)
एस.एन.डी.टी. महिला विश्वविद्यालय,
न्यू मरीन लाइंस, मुंबई-400020

डी/102, कोटेश्वर पैलेस,
जीवा महाला मार्ग, मुंबई-400069
फोन : 08450964433

वैकल्य

1969

प्रधानमंत्री महोदया, यानी मैडम के मुख्य निजी सचिव का पर्सनल असिस्टेंट निर्विकार भाव से डेस्क से उठा। सामने खड़े व्यक्ति ने जो नाम बताया, उसी नाम का अपॉइंटमेंट डायरी में दर्ज था।

जो व्यक्ति प्रधानमंत्री से मिलने आया था, वह हट्टा-कट्टा, मजबूत और लंबा था। गंगा-जमुनी बाल पूरी तरह से पीछे की ओर सँवरे हुए थे। चौड़े ललाट पर कुछ सौम्य लकीरें, वृद्धत्व का अहसास करा रही थीं। तेज-तर्रार, चमकदार आँखों से विद्वान् लगनेवाला वह व्यक्ति खादी के वस्त्र धारण किए था। स्वच्छ, इस्त्री किया हुआ खादी का पैजामा, उस पर सफेद रंग का खादी का कुरता और कुरते की बाँहें कोहनियों तक मुड़ी थीं। बड़ा चाक-चौंबद लग रहा था वह।

उसके चेहरे के हाव-भाव और खोजी दृष्टि से ऐसा प्रतीत हो रहा था कि मानो यह कोई पत्रकार है और संघर्ष की मनःस्थिति में है। किंतु उसके नाम के आगे लगा 'डॉ.' शब्द, उस पर्सनल असिस्टेंट के लिए एक पहेली बनी हुई थी। यदि वह पार्टी का कोई डॉक्टर-प्रोफेसर है तो मैडम से मिलने के लिए आवश्यक अदब, उस व्यक्ति के पास नहीं था। जैसा चाहिए वैसा दबदबा अभी मैडम का नहीं था, फिर भी खादीधारी लोग या तो आदर से या फिर कुतूहल की भावना से उनसे मिलते थे।

विधायक और सांसद न लगनेवाला वह व्यक्ति आचार्यवृत्ति का सर्वोदयी

भी नहीं लग रहा था। वैसे वह पत्रकार भी नहीं लग रहा था। अपने बॉस तक उस डॉक्टर को पहुँचाने के बाद भी वह केबिन से बाहर नहीं आया। वहीं कुछ काम करता रहा। मैडम का चीफ प्राइवेट सेक्रेटरी, नाम के पहले 'डॉ.' संबोधन को देखकर आवश्यक अदब का परिचय देते हुए, "आइए, डॉक्टर साहब···" बस इतना ही बोला।

उसके बाद वह उठकर खड़ा हो गया। आदर देने या हाथ मिलाने के लिए नहीं, बल्कि "मैडम आप ही का इंतजार कर रही हैं।" उसने आगे चलते हुए कहा।

डॉक्टर, उसके पीछे और फिर पर्सनल असिस्टेंट। डॉक्टर महोदय को देखते ही मैडम झट से खड़ी हो गईं। कमर से थोड़ा झुकते हुए दोनों हाथ जोड़कर प्रसन्न मुद्रा में उन्होंने डॉक्टर का स्वागत किया।

उनके किसी भी सेक्रेटरी या सेक्रेटरी के असिस्टेंट के लिए ऑफिस में बैठी प्रधानमंत्री का यह बरताव थोड़ा आश्चर्यजनक लगा। भारत और भारत के बाहर से भी कई ख्यातनाम लोग वहाँ प्राय: आया करते थे। परंतु प्रियदर्शनी के सार्वजनिक जीवन और कार्यालयी जीवन में फर्क था। सार्वजनिक जीवन में वे जितना सहज नजर आती थीं, कार्यालय में वे उदग्र शेरनी की तरह पेश आती थीं।

केबिन का अंदाज लेते हुए पर्सनल असिस्टेंट अपनी डेस्क की ओर रवाना हो गया और चीफ प्राइवेट सेक्रेटरी महोदय बड़े अदबी अंदाज में वहीं खड़े रहे।

अब प्रधानमंत्री महोदया अपनी कुरसी पर आसीन थीं तो ठीक उनके सामनेवाली कुरसी पर डॉक्टर साहब विराजमान थे।

डॉक्टर के चेहरे पर सौम्यता का भाव भले ही था, पर दृष्टि में एक जबरदस्त अविश्वास का भाव नजर आ रहा था। शायद इसीलिए उनकी नजर मैडम की आँखों से हट नहीं रही थी।

"दिल्ली कब आए?" मैडम ने पूछा। संवाद हिंदी में ही हो रहा था।

"कल रात की फ्लाइट से।" डॉक्टर बोले।

''ठहरिएगा न?''

''नहीं। आज रात को ही टोकियो जा रहा हूँ।''

''वापसी कब होगी?''

''एक सप्ताह बाद। किंतु ठीक उसी समय एक ऑस्ट्रेलियन डेलीगेशन भी आ रहा है। उनके साथ एक सप्ताह तक फाउंडेशन में रहना है। उसके बाद पुन: लंदन जाना है। आपको मेरा प्लान मिला?''

''हाँ। उसी विषय पर चर्चा करनी थी। इसीलिए आपको इत्तला करवाई थी कि जब दिल्ली आना हो तो एक दिन मेरे लिए अवश्य रखिए।'' मैडम के इस उद्‌गार से उनका सचिव और भी आदरभाव से उस डॉक्टर की ओर देखने लगा। मैडम कितनी भी कुशल राजनीतिज्ञ क्यों न हों, पर कूटनीति के तहत भी वे किसी से इतने विनयशील भाव से पेश नहीं आती थीं।

''मुद्‌दे की बात करते हैं।'' डॉक्टर ने बड़े सौम्य और मंदस्मित भाव से उत्तर दिया।

''आपके पास पुन: आने का मतलब है कि तमाम प्रक्रियाओं से गुजरना और इतना वक्त निकालना मेरे लिए सचमुच असंभव है।''

प्रधानमंत्री से इस तरह का संवाद! सचिव महोदय के लिए आश्चर्य का विषय था।

मैडम ने सचिव से स्टेनोग्राफर को बुलाने के लिए कहा। स्टेनो तुरंत हाजिर हुआ।

अब संवाद अंग्रेजी में होने लगा।

''आपकी योजना और प्लान के अनुसार क्या महारोग पाँच वर्ष में नष्ट हो सकता है?'' मैडम ने पूछा।

''पूरी परह से नियंत्रण में आ सकता है। इतना कि मानो पूरी तौर पर नष्ट हो गया हो।'' डॉक्टर ने कहा।

''लेकिन अभी तो इसका इलाज हो सकता है न?''

''इसीलिए तो यह नियंत्रण में आ सकता है।''

''फिर नष्ट क्यों नहीं हो सकता?''

''जब तक हमारे देश से गरीबी दूर नहीं होती, तब तक यह रोग हमारे देश से खत्म नहीं होगा।''

''क्या यह रोग सिर्फ गरीबों को ही होता है?''

''नहीं, अमीरों को भी होता है, किंतु दारिद्रय और सतत संसर्ग, इस रोग के प्रसार का मुख्य कारण है।''

''क्या उपाय के तौर पर इस पर टीके का निर्माण संभव है?''

''नहीं, क्योंकि यह रोग सिर्फ मानवों को ही होता है। वास्तव में बुद्धि और इस रोग का कोई संबंध नहीं है। जिसको बुद्धि है, वह मानव है, और मानव शरीर अच्छा घर है, ऐसा कुष्ठरोग के कीटाणुओं को लगता है।''

''फिर इस महारोग को कैसे दूर करेंगे?''

''गरीबी हटाइए। फिर महारोग दूर हो जाएगा। किंतु गरीबी हटाना संभव नहीं है। रामायण-महाभारत तथा उसके भी पूर्व के काल से इस रोग के अस्तित्व की जानकारी मिलती है।''

''लेकिन अमीर देशों में भी यह रोग मौजूद है।''

''वहाँ रोगियों की संख्या कम है, बल्कि नगण्य है।''

''ठीक है। सभी रोगों का मूल लगभग गरीबी है तो गरीबी दूर करने के लिए कुछ किया जाए, ऐसा विचार है। अमूमन सरकार की ओर से सभी प्रकार की सहायता दी जाएगी। आपने अपनी योजना का प्रारूप दिया ही है, लेकिन आपने खर्च का अनुमान नहीं दिया है।''

''उसके बारे में आपने मुझे कुछ भी नहीं लिखा था, फिर भी मैंने स्वयं खर्च का अनुमानित बजट बनाया है।''

''ठीक है। हमारे विशेषज्ञों ने बताया है कि एक करोड़ चालीस लाख रुपए पाँच वर्ष में लगेंगे।''

''कितना?'' डॉक्टर अपने नॉर्मल स्वभाव से हटकर कुछ ऊँची आवाज में बोले।

''वैसे यह रकम कुछ अधिक है,'' मैडम विस्मय से बोलीं, ''एक करोड़ चालीस लाख से भी कम खर्च हो सकता है।''

"एक करोड़ चालीस लाख," डॉक्टर बोले, "एक सौ चालीस करोड़ अमेरिकी डॉलर्स···आपके अनुमान से सात सौ पचास गुना अधिक फंड। एक करोड़ चालीस लाख नहीं। एक हजार, पचास करोड़ रुपए।"

डॉक्टर के मन में उत्पन्न अविश्वास का भाव, उनकी आँखों के साथ-साथ शब्दों के उच्चारण से भी स्पष्ट हो रहा था। मैडम भी अब सोच में डूब गई थीं। कुछ समय पहले तक इस बात का अनुमान लगाना बिल्कुल कठिन था कि इस तरह एक बड़ी ही महत्त्वपूर्ण योजना पर इतनी आसानी से पानी फिर जाएगा। अर्थात् इसके कारण अलग थे, पर चर्चा का रुख कुछ ऐसा ही था।

"क्या विश्व के बड़े संगठनों से इतनी बड़ी रकम जमा कराना संभव है?" वे पूछ रही थीं।

"इसकी खोज-बीन आपको ही करनी होगी।"

"लेकिन इतनी सामाजिक संस्थाएँ, हमारे देश में हैं और वे भी कुष्ठरोग निवारण के क्षेत्र में ही कार्यरत हैं। इन सबका बजट यदि एकत्रित कर दिया जाए, तब भी आप द्वारा बताई गई यह रकम कई गुना अधिक हो रही है।"

"क्षमा करें।" डॉक्टर खड़े होते हुए बोले। डॉक्टर ने कुरसी घुमाई और अनुमति लेने के मकसद से कुरसी के पीछे खड़े हो गए।

"जरा ठहरिए," मैडम बोलीं, "इस तरह शीघ्रता में निर्णय लेना मेरे लिए संभव नहीं है। मुझे कुछ समय दें।" वे टेबल की उस ओर से घूमकर डॉक्टर के पास खड़ी हो गईं। फिर बोलीं, "क्या आप ऐसा कर सकते हैं, आज डिनर पर हमारे यहाँ आएँ और फिर इस विषय पर हम विस्तार से चर्चा करें।"

"आपने मुझे भोज का निमंत्रण दिया, इसके लिए मैं दिल से आभार व्यक्त कर रहा हूँ, लेकिन मेरा वहाँ आना संभव नहीं हो पाएगा।"

डिनर के निमंत्रण को अस्वीकार करते देख मैडम चकित हो गईं। फिर वे बोलीं, "मैं गाड़ी भेज दूँ, एयरपोर्ट पर छोड़ने की व्यवस्था भी हो जाएगी। आपको कोई परेशानी नहीं होगी।"

"समय को लेकर कोई परेशानी नहीं है, न तो गाड़ी की समस्या है, न

ही मुझे विदेश जाने का बड़ा शौक है और तो और, प्रधानमंत्रीजी के घर मैंने उनके साथ भोजन किया, यह बात बाहर बताने की भी मेरी मंशा नहीं है। कुष्ठरोग निर्मूलन के लिए यदि आप एक हजार, पचास करोड़ रुपए का फंड जुटाने का आश्वासन दे सकती हैं तो मैं अपनी जापान–यात्रा को अभी कैंसिल करता हूँ। वहाँ कुष्ठरोग पर पर्चा पढ़ने की बजाय, मुझे मेरे देश से कुष्ठरोग नष्ट करने में अधिक रुचि है। फिर आपके साथ रात्रि का भोजन करने में भी मुझे अभिमान होगा।''

''एक करोड़ चालीस लाख की बजाय चौदह करोड़ भी आपने बताया होता तो कुछ विचार किया जा सकता था।'' मैडम ने कहा।

''ठीक तो है। साढ़े सात सौ गुना अधिक फंड का विचार करना संभव ही नहीं है। ऐसे में मैं आपका समय लूँ और अपना भी समय व्यर्थ करूँ, इस बात का कोई मतलब नहीं है।''

''फिर भी मुझे लगता है कि आप भोजन पर आएँ, शायद कोई रास्ता निकल आए।''

''एक बात कहूँ?'' डॉक्टर बोले, ''आगामी पाँच वर्षों में महँगाई और भी बढ़ेगी। अतः आज के संदर्भ में जो एक हजार, पचास करोड़ रुपए के खर्च का अनुमान है, वह आनेवाले समय में इससे भी अधिक खर्च का आँकड़ा बन सकता है।''

''मुझे आप पर बहुत भरोसा था,'' मैडम बोलीं।

''जी, धन्यवाद।''

''आप इस क्षेत्र के, विश्व के सर्वश्रेष्ठ विशेषज्ञ और डॉक्टर माने जाते हैं। यह आपकी खूबी है और मैं अकसर लोगों को बताती…,''

''मैं आपके यहाँ भोजन के लिए अवश्य आऊँगा, पर अभी नहीं, फिर कभी। निरर्थक चर्चा में मुझे रुचि नहीं है। निमंत्रण के लिए मैं आपका आभारी हूँ।''

''आपने अपनी योजना का जो प्रारूप मुझे दिया है, उसे अपने पास रखूँ तो…''

"जी बिल्कुल रखिए। यदि कोई डेढ़ करोड़ या चौदह करोड़ रुपयों में इस महारोग पर नियंत्रण कर सकता है, तो मेरे जितना आनंद विश्व में किसी और को नहीं होगा। इस बात का खयाल रखिएगा।"

"कौन करेगा?" अत्यंत निराशाजनक स्वर में प्रधानमंत्री बोलीं, "आप डॉक्टर भी हैं और समाजसेवी भी। आपमें डॉक्टर की तरह पेशेवर भावना भी है और समाज-सेवा का समर्पण भी है। दोनों भावनाएँ आप में अंतर्निष्ठ हैं...कौन करेगा कुष्ठरोग का निर्मूलन?"

"किसी एक इनसान के कारण संसार का कोई काम रुकता नहीं है। आपके दिल में कुष्ठरोग को जड़ से खत्म करने की भावना है, यही सबसे बड़ी बात है। आपकी कल्पना को साकार करनेवाला कोई अवश्य मिलेगा। मैं चलता हूँ, लेकिन अपने मन में एक बात गाँठ बाँध लें कि आप वास्तविकता के अहसास के साथ इस समस्या की ओर देखें। खादी से यह रोग दूर नहीं होगा, बल्कि इसका दुष्प्रचार ही अधिक होगा।"

डॉ. वामन देवदत्त रावेरकर!

प्रधानमंत्री के कार्यालय से जब वे बाहर निकले तो अंदर के लोगों की जुबानें सुन्न हो चुकी थीं और डॉक्टर उद्विग्न। एक ऐसा सन्नाटा, जो अपनी आखिरी लहर में एक गहन उदासी में तब्दील हो गया था।

किराए के ऑटोरिक्शा के लिए उन्हें बहुत दूर तक चलना पड़ा।

□

1981

प्रधानमंत्री के हेलीकॉप्टर का वर्धा में आगमन, विनोबाजी के कारण अब कोई नई बात नहीं थी। दत्तपुर स्थित कुष्ठधाम और वर्धा के 'महात्मा गांधी मेमोरियल लेप्रसी फाउंडेशन' की अपेक्षा गत दस वर्षों से पवनार के परिसर में स्थित, 'सुखनिधान आश्रम' को बहुत प्रतिष्ठा प्राप्त हो चुकी थी। यहाँ पर महारोगियों की रेल-पैल कुछ अधिक थी। भारत ही नहीं बल्कि विदेशों में भी इस आश्रम की कीर्ति फैली हुई थी। प्रधानमंत्री आज पहली बार यहाँ आ रही थीं।

'सुखनिधान' आश्रम के अप्पा मार्जनी 'गुरुजी' के प्रति, पूरी दुनिया में एक विशेष आदरभाव का वातावरण बन चुका था।

इतना कि इस बार मैडम, विनोबाजी से मिले बगैर सीधे अप्पाजी से मिलने आश्रम में आ रही थीं। यह विशेष सूचना भी प्रसारित हो चुकी थी।

इस बार 'सुखनिधान' में ही हेलीपैड का निर्माण किया गया था। मैं और प्रोफेसर भालेराव, दूर एक पेड़ के नीचे खड़े थे। अप्पा ने वर्धा में जो नया कॉलेज बनवाया था, उसी कॉलेज में भालेराव वाइस प्रिंसिपल के पद पर कार्यरत थे। अप्पा पर उनकी बड़ी श्रद्धा थी। इसी अपार श्रद्धा के कारण उन्होंने शहर के विश्वविद्यालय की अच्छी तनख्वाह की नौकरी छोड़कर यहाँ आकर रहना तय किया था।

''सत्यजित रे को प्रथम पुरस्कार और अप्पा मार्जनी को विश्व अनुदान के तहत आनेवाले फंड का प्रवाह अब भगवान् भी नहीं रोक सकता।'' श्रद्धाभाव से प्रो. भालेराव बोल रहे थे।

''वह तो ठीक है। लेकिन अप्पाजी का नाम नोबेल पुरस्कार के लिए नामित किया गया है! क्या यह सत्य है?''

''इसमें आश्चर्य की क्या बात है? उनको यह पुरस्कार देना ही पड़ेगा। आखिर अप्पा साहब का कार्य कितना महान् है!''

''यदि अप्पा साहब को नोबेल सम्मान मिलेगा तो फिर प्रधानमंत्री मैडम का क्या होगा?''

''नहीं भाई, ऐसा कुछ नहीं होगा,'' भालेराव बोले, ''बल्कि वे पुरस्कार दिलवाने में उनकी सहायता करेंगी।''

''बिल्कुल।'' मैं बोला, ''इसका मतलब यह हुआ कि पुरस्कार मैनेज किया जाएगा।''

अचानक हो-हल्ला मचा, लोग जोश में आ गए और हमारे सिर के ऊपर से हेलीकॉप्टर गुजरा। लोग हैलीपैड की ओर दौड़े। वह नजारा ही कुछ अलग था।

बापू साठे पहले से ही स्वागत की तैयारी में खड़े थे।

मैं और भालेराव अपनी जगह से नहीं हिले। अप्पा साहब अपने आश्रम में ही विराजमान थे।

''क्यों भाई?'' मैंने पूछा, ''अप्पा और मैडम विनोबाजी को छोड़ देंगे क्या?''

''यदि ऐसा होता है, तो वह ठीक ही है। वैसे भी अब सांस्कृतिक संतों की जरूरत नहीं रही।''

''सामाजिक संतों की जरूरत है?'' मैंने पूछा।

''कहीं तुम उपहास से अप्पाजी को संत तो नहीं कह रहे हो न?''

''मैं भला क्यों उपहास करूँगा? मेरा और उनका तो कोई खास परिचय भी नहीं है।''

''धत् तेरे की, अरे इसमें कौन सी बड़ी बात है? चलो आज मैं तुम्हारा परिचय करवा देता हूँ।''

''अरे भाई पहले यह देखो कि वे तुम्हारा परिचय प्रधानमंत्रीजी से

करवाते हैं या नहीं।''

भीड़ तितर-बितर हो गई थी और उनके बीच से एक सुरक्षित मोटरकार 'सुखनिधान' के मुख्य आश्रम की ओर रवाना हो गई थी। उसके पीछे लोगों का रेला दौड़ रहा था।

मैदान खाली हो गया था मगर सामने से चार-छह नौजवान आते दिखाई पड़े। उनके हाथों में काले झंडे लिपटे हुए थे। मैंने आवाज देकर उन्हें अपने पास बुलाया।

''अरे भाई, यह क्या माजरा है?''

''सारी जमीन अप्पा ने हड़प कर ली है, ऐसा हम सुन रहे थे। अब देखिए उस ओर जो जमीन है, वह हमारी है, उसे भी यह आश्रम हड़प रहा है।'' उनमें से एक नौजवान बोला।

मैंने भालेराव की ओर देखा। उनके चेहरे पर आक्रोश का भाव उभर आया था। मैंने इशारे से ही उन्हें शांत किया।

''आखिर बात क्या है?'' मैंने पूछा।

''सरकार ने मेरे पिताजी से बाँध बनाने के लिए जमीन माँगी थी।'' दूसरा नौजवान बोला, ''सरकारी भाव से वे मुआवजा भी देनेवाले हैं। लेकिन बाँध बनाने की कोई योजना नहीं है। जो रोगी ठीक हो गए हैं, उनके पुनर्वास के लिए यह जमीन अप्पा को चाहिए। यह व्यावसायिक खेती की मौके की जमीन है। लेकिन भाव तो वही उपेक्षित सरकारी दर से ही मिलेगा। सच बात तो यह है कि हमें यह जमीन बेचनी ही नहीं है।''

''एक बात पूछूँ साहब?'' तीसरा नौजवान बोला, ''आप लोग कौन हैं? ''

''मैं पत्रकार हूँ, नागपुर से निकलनेवाले एक दैनिक का रिपोर्टर हूँ।''

अब तक सशंकित भावना से ग्रसित वे नौजवान इधर-उधर जाने की बजाय अब मेरे और करीब आकर खड़े हो गए। बड़े उत्साह के साथ बोलने लगे, लेकिन भालेराव चुप्पी साधे खड़े थे।

''सर, मैं कुछ कहना चाहता हूँ।'' अब तक कुछ भी न बोलनेवाला

वह नौजवान बड़े शांत स्वर में बोला। शायद उसकी जमीन उस योजना में नहीं जानेवाली थी। वह उन्हीं में से किसी के साथ सिर्फ मैत्री के नाते आया हुआ था। यह आगे बोला, "हम लोग परस्पर आश्रित जीवन जीते हैं। कोई अखबार में लिखकर जीता है तो हमारे कई दोस्त व्यावसायिक खेती से भरण-पोषण कर अपना जीवन- यापन करते हैं, प्रोफेसर पढ़ाकर जीते हैं और यह अप्पा, महारोग पर जी रहा है।"

"जबान सँभाल के बोलो।" भालेराव से रहा नहीं गया।

"सँभालकर ही बोल रहा हूँ।" बड़े शांत स्वर में उसने कहा, "हम और आप दाल-भात खाते हैं। यह अप्पा तो महारोगियों को खाता है। अजगर जैसे अपने भक्ष्य को पूरी तरह निगल जाता है, वैसे ही यह महारोगियों को निगलता है।"

"चलो यहाँ से।" भालेराव मुझे खींचते हुए झटके से बोले, "सामाजिक कल्याण के आगे इन मुट्ठीभर मूर्खों को क्यों तूल दे रहे हो?"

मैं बेचैन हो गया था, परंतु बड़े बेमन से भालेराव के साथ चलने लगा। मैं और भी कुछ सुनना चाहता था।

"जाओ-जाओ, भाई जाओ। अखबार में लिखो। जब 'बाई' की बात लिखोगे तो यह भी लिख देना कि"यहाँ पर महारोग का व्यापार चल रहा है, जरूर लिखना यह।" मुझे सब सुनाई दे रहा था।

मैं भालेराव को रोकने की कोशिश कर रहा था।

"अरे यार! मैडम यहाँ पर शाम तक रुकनेवाली हैं, उनके साथ हमारे भोजन की व्यवस्था भी है। दोपहर को उन दोनों की चर्चा भी है। उस समय तुम्हें तो अंदर प्रवेश मिल ही जाएगा, क्योंकि तुम अप्पा के खास आदमी हो। इतनी जल्दबाजी क्यों कर रहे हो?"

"चलो ना यार! अप्पा साहब कुछ भी बक देते हैं। सबके सामने मेरी खिल्ली उड़ाने से भी नहीं चूकते।"

"इसका अर्थ यह है कि हमारे प्रोफेसर साहब को भी मान-अपमान की चिंता है! इतने बड़े और महान् वाइस प्रिंसिपल! अप्पा साहब आपकी

खिल्ली उड़ाएँ, भई यह कोई बात हुई?'' मैंने चुटकी ली।

''तुम कहना क्या चाहते हो? तुम दोनों तरफ से बोलने की कोशिश करते हो, इससे मुझे परेशानी होती है।'' भालेराव कुछ शिकायत के लहजे में बोले।

''ऐसा नहीं है यार! तुम्हें चिढ़ाना जरा अच्छा लगता है मुझे। तुम्हारा चिढ़ना भी तो स्वाभाविक है, लेकिन मैं यह सोच रहा हूँ कि डॉ. रावेरकर जैसी महान् विभूतियाँ हैं, उनकी तुलना में अप्पा साहब को यह, एकदम से इतना सम्मान कैसे मिल गया? और आखिर यह हुआ कैसे? यह भी तो एक शोध का ही विषय हो सकता है! क्या तुमको ऐसा नहीं लगता है?''

''तुम्हारा सवाल अच्छा है।''

''जिन्हें उत्तर नहीं देना होता है, वे केवल प्रश्न की प्रशंसा करके बात को टाल देते हैं।''

''अरे नहीं-नहीं। मैं जरूर जवाब दूँगा। भालेराव बोले, ''केवल कुष्ठरोगियों की सेवा करके ही समाज का फायदा नहीं होता है। उनकी भी आत्मा होती है, उनके पास भी मन होता है, उनके भी अपने सपने होते हैं, वे भी हमारी-तुम्हारी तरह इनसान होते हैं। इस तरह दया और सहानुभूति की भावना समाज में पैदा करना भी जरूरी होता है। अप्पा साहब ने यही किया है। पूरे संसार में अप्पा साहब ही पहले व्यक्ति हैं, जिन्होंने इस कार्य को सबसे पहले किया। बड़ी-बड़ी महान् विभूतियों को बुलाकर यहाँ के कार्य से उन्हें परिचित करवाया।''

''इससे लाभ यह हुआ कि ढेर सारा फंड जमा हुआ।'' मैंने कहा।

''इतना ही नहीं, उन्होंने लोगों का ध्यान इस ओर आकर्षित किया। अपनी कार्यपद्धति से लोगों को अवगत करवाया। लोगों को बुलाकर यह काम दिखाया।''

''मतलब! मंसूर कुमार के फिल्मी गीतों का कार्यक्रम आयोजित किया, वह भी प्रत्येक सुख सम्मेलन में। लोग तो मंसूर के आकर्षण से आए न!''

''बिल्कुल। यही अप्पा साहब का नायाब तरीका रहा है। वैसे भी अप्पा कोई फिल्मी हीरो तो हैं नहीं कि लोग उन्हें देखने आएँगे? फिर महारोग भी

तो लोगों के आकर्षण का विषय नहीं है। इसके विपरीत यह तुच्छता की बात है।''

''वैसे तो मंसूर तानाशाही शासनवाले दौर के खिलाफ था,'' मैंने कहा।

''लेकिन अप्पा टस-से-मस नहीं हुए। उस दौरान भी मंसूर को यहाँ गवाकर ही दम लिया।''

''उसे तो प्रधानमंत्री से भी चिढ़ है। अब मंसूर सुख सम्मेलन में पुनः आएगा, ऐसा नहीं लगता,'' मैंने कहा।

''उसकी अब जरूरत भी नहीं है।'' प्रोफेसर भालेराव तुच्छता भाव से बोले, ''प्रधानमंत्री का यहाँ पर आना ही सबसे बड़ी पहचान है, अब विशेष बात यह है कि हम सबकी एक अलग पहचान बनी है। इससे मदद प्रक्रिया में तेजी आएगी। अप्पा साहब के लिए आदरभाव भी, अब लोगों के दिलों में बढ़ेगा। परिणाम यह होगा कि कुष्ठ रोग निवारण में मदद मिलेगी। तुम देखते जाओ, आगामी पाँच वर्षों में ही हमारे देश से कुष्ठरोग पूरी तरह से नष्ट हो जाएगा।''

''अच्छा!'' मैंने कहा, ''लेकिन मंसूर का, अप्पा साहब का और तुम्हारा जो आपस में प्रेमभाव था, उसका अब कोई मतलब नहीं रहा?''

''मंसूर में, अप्पाजी तथा कुष्ठरोगियों के प्रति सहानुभूति की भावना अधिक है कि प्रधानमंत्री के प्रति गुस्सा, इस बात पर यह निर्भर करता है।''

''यह सच नहीं है, बल्कि मंसूर के प्रेम की बजाय, मैडम के प्रति तुम्हारा लगाव अधिक है, इससे यह स्पष्ट होता है।''

''ऐसा कुछ भी नहीं है, बल्कि कुष्ठरोगियों के प्रति सहानुभूति पैदा करना हमें अधिक महत्त्वपूर्ण लगता है।''

''कहीं कुछ गलत हो रहा है, बंधुवर!'' मैंने कहा।

''यदि तुम्हें ऐसा लगता है, तो हमें इसकी चिंता नहीं है। फ्रांस के लैंग्रा का विश्व प्रसिद्ध बैले हमें मुफ्त में मिल रहा है। सिर्फ तुम्हें ही यह बात बता रहा हूँ। पचास लाख रुपए की बुकिंग अभी से हो गई है।''

''उन पैसों का तुम लोग क्या करोगे?''

''परेशानियाँ और जिम्मेदारियाँ दिन-प्रतिदिन बढ़ती ही जा रही हैं। नए

रोगियों की संख्या बढ़ रही है। जो ठीक हो गए हैं, उन्हें स्वतंत्र रूप से अलग बसाना है।''

''जो स्वस्थ हो गए हैं, उन्हें फिर से समाज में क्यों नहीं भेजते तुम लोग?''

''उनको पुनः कौन स्वीकार करेगा? हम लोग हैं, इसलिए इतना सुख उन्हें मिल रहा है।''

''अर्थात् आप लोगों का आश्रम विस्तृत होता जाएगा···बढ़ता ही जाएगा···।

''एक्जेक्टली।'' मेरे सुर में सुर मिलाते हुए भालेराव बोले।

''लेकिन आप लोगों के इस आंदोलन और कठोर तपस्या की कामयाबी आश्रम के विस्तार में नहीं, बल्कि आश्रम बंद करने में है, क्या ऐसा तुम्हें नहीं लगता है?'' मैंने कहा। यह सुनते ही भालेराव अवाक् रह गए। मानो उनकी जुबाँ ही सिल गई। वे टकटकी लगाकर मेरे चेहरे की ओर देखते ही रहे···कुछ पल के लिए मैं भी रुक गया और उन्हें निहारने लगा। हम दोनों एक-दूसरे को पढ़ने लगे। मेरे दिल से भालेराव के प्रति आदरभाव अब खत्म हो रहा था। मेरे लिए वे एक प्रोफेसर नहीं, बल्कि अप्पा के कार्यकर्ता लगने लगे।

भालेराव मेरे साथ था, इसलिए किसी ने हमें रोका नहीं। लेकिन भीतर बहुत भीड़ थी। अप्पा साहब प्रधानमंत्रीजी से कुछ गुफ्तगू कर रहे थे। अप्पाजी और मैडम के भोजन की व्यवस्था पास-पास थी, जबकि अन्य लोगों के लिए स्वतंत्र व्यवस्था की गई थी। सौभाग्य से पत्रकारों के भोजन की व्यवस्था उन दोनों के ठीक सामने की ओर की गई थी। प्राध्यापक भालेराव सबकी आव-भगत कर रहा था। अप्पा साहब अपनी आदत के अनुसार जोर से और कुछ अधिक ही बोल रहे थे। मैं क्या बोल रहा हूँ, यह अन्य लोग भी सुनें, इस तरह की उनकी भावना भी स्वाभाविक ही थी। मैडम बहुत कम बोल रही थीं। भोजन के समय जितना आवश्यक था, वे उतना ही बोल रही थीं। किंतु अप्पा साहब का उत्साह आज कुछ अधिक था। 'सुखनिधान' आश्रम में प्रधानमंत्रीजी का आना ही अपने आप में एक बहुत बड़ी बात थी।

□

1971

मंसूर कुमार, अप्पा साहब मार्जनीजी के 'सुख-सम्मेलन' में गाने के लिए आने वाला है, यह खबर आई थी। सभी समाचार-पत्रों ने यह न्यूज पहले पन्ने पर छापी थी। हम लोग कॉलेज में पढ़ते थे। हमारे मित्रों का उत्साह बढ़ गया। मंसूर कुमार का शो देखने को मिलेगा और वह भी मुफ्त, यह हमारे लिए किसी आदर्श सुख की अनुभूति से कम नहीं था। मुखालिक हवा में उड़ते पंछी की तरह!

अप्पा मार्जनी का आश्रम वर्धा के पास होने के बावजूद भी मैं कभी वहाँ नहीं गया था, किंतु इस कार्यक्रम के लिए वहाँ जाना ही था।

गत वर्ष अप्पाजी का नाम अखबारों में बार-बार छपता रहा। सन् 1970 अर्थात् पिछला साल, 'सुखनिधान' आश्रम के लिए बड़ा ही महत्त्वपूर्ण वर्ष साबित हुआ। इसके बाद पैसा और प्रसिद्धि की किसी भी प्रकार से कोई कमी होगी, ऐसा नहीं लग रहा था।

फलाँ देश की फलाँ संस्था की ओर से क्या मिला? तो चार जीप मिल गई। इस देश से क्या मिला? एंबुलेंस मिल गई। उस देश से क्या? तो दस लाख डॉलर मिल गए। पूरब की ओर से इतना तो पश्चिम की ओर से उतना। उत्तर की ओर से इतना, तो दक्षिण की ओर से उतना। महाराष्ट्र सरकार की ओर से जमीन, तो भारत सरकार की ओर से गौरव।

वृद्धाश्रम, पालनाघर, अंध-स्कूल, विकलांगों के लिए कार्यशाला…। गत वर्ष लगातार इस तरह के कई उपक्रमों की घोषणा की गई और अप्पा साहब ने उसे उतनी ही तत्परता से अंजाम भी दिया।

अप्पा साहब की प्रसिद्धि देश-विदेश में अचानक बढ़ गई। आज क्या? तो अमुक देश का चित्रकार, कल क्या? तो उस देश की अभिनेत्री, कल कोई फलाँ देश का संगीतकार आनेवाला है, विजिट के लिए। परसों कोई और तो नरसों कोई और।

और अब प्रत्यक्ष मंसूर कुमार आनेवाला है। महज विजिट करने नहीं, बल्कि खास गाने के लिए आनेवाला है। महारोगियों के लिए गाएगा। हमारा एक महीना सपने बुनने में फुर्र से उड़ गया। इंतजार खत्म हो गया था।

मंसूर कुमार के 'शो' के लिए हम लोग शाम को ही साइकिल से रवाना हो गए। वहाँ जाने पर पता चला कि महाशय चार दिन पहले से ही आश्रम में डेरा जमाए हुए हैं। अप्पाजी से काव्यशास्त्र विनोद या रात्रि में कभी लहर आई तो हारमोनियम बजाना इत्यादि कार्यक्रम चल रहे थे। अप्पा साहब के कार्यों से वह बहुत ही प्रभावित हो गया है। अप्पा और महारोग के सिवाय उसे अब कुछ भी सूझ नहीं रहा था।

हम लोग बचपन से ही मंसूर के दीवाने थे। हमारी उम्र के लोगों में वह कुछ अधिक ही लोकप्रिय था। जब उसने अपनी श्रद्धा विनोबाजी की ओर बढ़ाई तो विनोबाजी भी हमें प्रिय लगने लगे। अपनत्त्व की भावना पैदा हो गई। मंसूर जिसे महान् कहता था, वह हमारे लिए भी महान् बन जाता था। अब अप्पाजी भी महान् थे। अप्पा साहब निश्चित रूप से ग्रेट होंगे, ऐसी धारणा हम मित्रों में पक्की होने लगी थी।

हम लोग गए तो यह सोचकर गए कि सर्वोदयी सम्मेलन अथवा समाजवादी शिविर की तरह ही कुछ आयोजन होगा यह, पर वास्तविक रूप देखकर हम लोग दंग रह गए। क्या भीड़ उमड़ी थी! लगता था, जैसे कोई जनसागर ही उमड़ पड़ा हो। बहुत दूर-दूर से लोग आए थे। नागपुर, भंडारा, खामगाँव ही नहीं बल्कि अप्पाजी के कार्यों से प्रभावित होकर लोग ग्वालियर, गोवा जैसे क्षेत्रों से भी आए थे। चाय-पान के ठेले लगे थे। पान के साथ-साथ वहाँ पर सिगरेट भी बिक रही थी। कई साहित्यकार भी आए थे। कंधे पर शबनम की थैली, आँखों पर काला चश्मा और खादी के कुरते पहनकर ये

लोग चहलकदमी कर रहे थे।

करुणा और अप्पा साहब के प्रति अति आदर-भाव के कारण उनके चेहरों पर उदारता के भाव स्पष्ट दिखाई दे रहे थे।

'महारोग नामक एक महाभयंकर दैत्य अप्पा साहब ने भगवान् शंकर की तर्ज पर नष्ट कर दिया और कुष्ठ रूपी व्याघ्र को अपना वाहन बनाते हुए अप्पाजी, वटेश्वर राऊल महाराज की तरह योगिराज बन गए हैं।' ऐसा एक लेखक अन्य लेखकों से कह रहा था।

हम मित्रों में साहित्य-रुचि की भावना थी, इसलिए अनायास ही कदम उसी ओर मुड़ गए। पूरी तरह से गद्‌गद हो रहे उस समूह में किसी भी समय अश्रुपात हो सकता है, इस संभावना को भाँपते हुए हम भी द्रवित हो उठे। फिर हम लोग वहाँ से उठकर बड़े कुएँ के किनारे जा बैठे।

वहाँ पर एक कुष्ठरोगी पानी भर रहा था। उसकी नाक टूटी हुई थी तथा शरीर फूला हुआ था। मैं उस कुरूप व्यक्ति के पास गया और उससे पानी माँगा। पहले तो वह खुद ही भयभीत हो गया। कुछ आश्चर्यचकित नजरों से मुझे निहारने लगा। उसे जैसे स्वयं पर ही विश्वास नहीं हो रहा था। मैंने पानी के लिए आग्रह किया तो वह बोला,

"यह हम लोगों का कुआँ है।"

"तुम्हारा नाम क्या है?"

"ग्यानबा।"

"ठीक हो गए?"

"अभी नहीं।" ग्यानबा बोला, "इसीलिए हमारा पानी मत पीजिए।"

मैं लौट गया और अपने साथियों के साथ पुनः जाकर बैठ गया। मेरे मित्र मुझे शक की निगाह से देख रहे थे।

"क्यों गए थे?"

"पानी पीने के लिए।"

"अच्छा हुआ, जो पानी नहीं पिया।"

"क्यों"

''पीऽऽलोऽऽ! लेकिन फिर हम लोगों के साथ मत बैठना, यहाँ भी नहीं और कॉलेज में भी नहीं।''

मैं दंग रह गया। फिर बोला, ''मित्रो, तुम लोगों को इस रोग के बारे में कोई खास जानकारी नहीं है। यह महारोगी भी हमारी-तुम्हारी तरह एक इनसान है। यही बात अप्पा साहब भी तो जी-तोड़कर, जी-जान से लोगों को बता रहे हैं। यहाँ पर तुम लोग गीत सुनने आए हो, लेकिन गीतों के इस 'शो' का आयोजन क्यों किया गया है? यह तुम लोग भूल गए।''

'देखो भाई!' एक मित्र बोला, ''महारोगियों से सहानुभूतिपूर्वक व्यवहार करना यह हमारे बस की बात नहीं है। अप्पा साहब कर रहे हैं, यही बहुत है। यह अप्पा साहब का ही काम है। वे ही इसे करना जानते हैं। तुम क्यों व्यर्थ में अग्नि की परीक्षा ले रहे हो? आए हो तो ठीक से गाना सुनो। गानों की फरमाइश करो। प्रोग्राम समाप्त होते ही हम सब झूमते-गाते वर्धा चलेंगे।''

''हूँ'' दूसरा मित्र बोला, ''बंड्या कुछ अधिक ही भावुक हो जाता है।''

''फॉरगेट यार!'' तीसरा बोला, ''डोंट केरी इट टू फार।'' लेकिन यार, एक बात बताओ, इस कार्यक्रम में महारोगियों के बैठने की कुछ अलग व्यवस्था है या फिर वे भी हम लोगों के साथ ही बैठेंगे?''

माहौल में एकदम शांति फैल गई।

इस नए सवाल से मैं भी काँप उठा। सच यार! उम्र कैद की सजा भोग रहे कैदियों के सामने केवल नाटक करना, महारोगियों के सामने केवल फिल्मी गीत गाना, इससे भला क्या हासिल होगा? यहाँ पर तो साहित्य सम्मेलन की अपेक्षा कुछ अधिक ही तर्क-वितर्क है। महारोगियों को सिर्फ गीत सुनाना था, तो अब क्या वे अलग बैठेंगे? जैसे स्त्री-पुरुष अलग बैठते हैं, उसी तरह निरोगी और महारोगी—उनमें भी विभाजन होगा—स्त्रियाँ अलग, पुरुष अलग!

मैं सोच ही रहा था कि पीछे जिन साहित्यकारों का ग्रुप था, वे सामाजिकता के विषय पर आकाल-तांडव करते हुए कुएँ के पास आ गए। कुछ देर खड़े

रहे, फिर उन लोगों ने अपनी चर्चा का विषय बदला।

''मंसूर फिल्मी गीत गाता है। आज तक उसने समाज के लिए क्या किया?'' एक लेखक ने पूछा।

''उसने तो कॉमन मैन के लिए गाया।'' दूसरे ने मंसूर का पक्ष लिया।

''पलायनवादी, बकवास गीत! अनरियलिस्टिक! बगीचे में नाचने-गानेवाले हीरो-हीरोइन के ड्यूएट्स।'' पहलेवाले ने तीखी टिप्पणी की।

''वे ही गीत दु:खियों को सुख का अहसास दिला गए।''

''बकवास।...बकवास, झूठी सांत्वना। इससे दु:ख दूर थोड़े ही होते हैं।''

''तो मंसूर को क्या करना चाहिए? अप्पा साहब के आश्रम में वह उन्हीं की तरह सेवा करे महारोगियों की?'' मंसूर से संबंधित न होते हुए भी प्रसंगवश उसकी तरफ से बोलनेवाला लेखक बोला।

''जाने दो यारों।'' बाहर निकले दाँतवाले लेखक ने ऊँची आवाज में कहा ''अब तो वह समाज के लिए कुछ कर रहा है न! यही बहुत है...इसका मतलब मंसूर आज तक पापी था। और अब वह अपने पापों का मानो प्रायश्चित्त कर रहा हो।''

मुझे कुछ मस्ती सूझी। मैंने अपने साथियों से कहा, ''तुम लोग मेरी सहायता करो। अब हम लोग इस लेखक मंडली की खिल्ली उड़ाते हैं।''

''अरे भाई, तुम्हारी कविता और लेख, पत्र-पत्रिकाओं के दफ्तरों से सखेद लौट आते हैं, इसलिए तुम लेखकों पर नाराज हो। हमारी उनसे क्या दुश्मनी है? फिर हम क्यों तुम्हारा साथ दें।'' एक मित्र खिल्ली उड़ाते हुए बोला।

''चलो यार। वे सब कुएँ के पास रुके हैं। शायद उन लोगों को कुएँ का पानी पीना है। आज चारों ओर अधिक भीड़ होने के कारण पानी का कचरा उनके पेट में गया होगा...।''

''अच्छा! तो अब क्या होगा?''

''देखो। हवा और पानी के माध्यम से कभी महारोग का संसर्ग नहीं

फैलता है। हम वर्धावासी महारोगियों की उगाई, दत्तपुर की सब्जी खाते हैं, हमें क्या? हम लोग उनकी सहानुभूति और ज्ञान की कसौटी की परीक्षा लेते हैं। तो फिर चलें? हाँ-हाँ चलो।''

मैं कुएँ के पास गया। बिजली के पोल के पास विशेष तौर पर लगाए गए बड़े लैंप के प्रकाश में, डोरी से बँधी बालटी में देखा, थोड़ा पानी था, मैंने बालटी उठाई।

''आप लोगों को पानी पीना है?'' मैंने लेखकों से पूछा।

''हाँ।'' कुछ हँसते हुए लाचार सा मुख्य लेखक बोला। उसने कुरते की बाँहों को कोहनी तक ऊपर करते हुए, अँजुरी फैलाई। मैंने उसकी अँजुरी में पानी उड़ेला। पानी पीकर तृप्त होकर जब उसने डकार ली, तब मैं कुएँ में फिर बालटी डाल रहा था।

डोरी को खींचते हुए मैंने पानी ऊपर निकाला। सामाजिकता पर उपदेश देनेवाले लेखक को मैं पानी पिलाने लगा। पानी पीकर उसके हट जाने के बाद वह लेखक पानी पीने लगा, जो मंसूर की ओर से बोल रहा था।

इतने में कंधे पर काँवर लिये ग्यानबा आया। डिब्बों में लकड़ी का हैंडल लगा हुआ था, जिसे पकड़कर उसने नीचे रखा और वह विचित्र नजरों से मेरी ओर देखने लगा।

''वह देखो! वह आया।'' मैंने लेखकों से कहा। लेखकों की नजर ग्यानबा पर पड़ी। 'दूर हो जाओ' यह बोलने की हिम्मत किसी में नहीं थी। पर सभी अंदर से भयभीत थे। अभी तक तो वे सभी ग्यानबा जैसे कुष्ठ रोगियों पर चर्चा कर अपनी ऊर्जा खर्च कर रहे थे। अब भी उनमें से कोई उसे दूर जाने के लिए नहीं कह रहा था। तब मैंने ही ग्यानबा से कहा, ''आओ ग्यानबा, अपनी बालटी लो।''

ग्यानबा आया। उसने हताश होकर मुझसे बालटी ली।

''इन साहब का पानी पीना आधा ही…'' ऐसा कहते हुए ज्यों ही सिर घुमाया, देखा तो वह ऊँचा-लंबा कदवाला लेखक चिल्लाते हुए दूर हट गया।

"अरे, तुमने हम लोगों को यह पानी पिलाया?" सामाजिकतावाला लेखक पूछ रहा था।

"हाँ," मैंने कहा, "ग्यानबा इसी बालटी से पानी भरता है। इसी बालटी का पानी मैंने तुम लोगों को पिलाया।"

सामाजिकतावाला लेखक, कुछ समझ पाए, इसके पहले ही वह भड़ाभड़ उल्टी करने लगा। उसके वमन के गंदे एवं बदबूदार छींटें दूसरे लेखकों पर पड़ने लगे। एक ने तो उसे लगभग गाली ही दे दी।

व्याघ्र पर सवार वटेश्वर राऊल महाराज की उपमा देनेवाला लेखक मेरे पास पहुँच गया और बड़ी दीन वाणी में बोला, "भाई, तुमने महारोगियों का पानी हमें पिला दिया। अब हमारा कैसे…? हमें इसके लिए कोई औषधि यहाँ मिलेगी क्या?"

"प्रोफेसर!" मंसूर की ओर से बोलनेवाला लेखक, सामाजिक लेखक से बोला, "अप्पा साहब के साथ रहने की तुम्हारी अधूरी इच्छा अब अलग ढंग से पूरी होगी, ऐसा लग रहा है।" वह कुछ छद्मी अंदाज में हँसते हुए बोला, क्योंकि उसने पानी नहीं पिया था।

बेचारा सामाजिक प्रोफेसर जमीन पर झुककर वमन की अंतिम किस्त पूरी कर रहा था और मंसूरवाला प्रोफेसर उसकी पीठ सहलाते हुए हँस रहा था।

अचानक उस ऊँचे-लंबे कदवाले लेखक को भगवान् जाने क्या सनक पैदा हुई, वह गाली बकते हुए मेरी ओर तेजी से लपका।

कुएँ की दीवार पर बैठे मेरे मित्र 'एऽऽ! एऽऽ! एऽऽ! करते हुए उठे। उन्हें देखकर वह रुक गया। मैं अकेला नहीं हूँ, इसका अंदाज लगाते हुए उसने अपना इरादा बदला, पर धीमी आवाज में कुछ सावधानीपूर्वक वह गालियाँ बकता रहा।

मेरे एक निडर दोस्त ने उसकी बाँह पकड़ते हुए उसे दूर किया "चल! चल! चल!" उसके स्पर्श से तटस्थ लेखक "अरे! अरे! अरे!" उतरती आवाज में बोलते हुए पीछे सरक रहा था।

मैं बोला, ''अप्पा साहब कितने महान् हैं, यह तो तुम्हें तुम्हारी हरकतों से ही अभी पता चल जाएगा।''

''जाओ, जाओ। तुम हमें मत बताओ।'' वह ऊँचा-लंबा कदवाला लेखक बोला, ''हमें सब पता है।''

''केवल जानकारी होने से क्या होता है?'' मैंने कहा, ''तुम लोग कैसे हो? क्या सोचते हो? यह भी हमें देखना था। अरे तुम लोगों में अप्पा की सच्ची महानता पहचानने की भी योग्यता नहीं है। तुम लोग तो अप्पा साहब का गुणगान करने के लायक भी नहीं हो।''

आवेश और क्रोध के कारण मेरी आवाज का पारा बढ़ गया। कुछ पल बेचैनी में बीते। उसके बाद मंसूर का पक्षपाती बोला, ''हम लोग दवाखाना चलते हैं, आश्रम में तुम लोगों का कुछ इलाज हो सकता है।''

बड़े ही हताश मन से लेखकों की टोली वहाँ से निकली।

वटेश्वर राऊल महाराजवाले लेखक ने बीच में रुकते हुए मेरी तरफ इशारा करते हुए मुझे बुलाया और पूछा ''बच्चो, तुम लोग निरोगी बालक हो न?''

''हाँ।''

''तुम लोगों ने उस बालटी को छुआ, तो तुम्हें डर नहीं लगा?''

''साहब।'' मैं बोला, ''यदि पीड़ित रोगी के हाथों एक बार आप पानी पीते हैं तो भी आपको कुछ नहीं होगा।''

''आँ'', यह कैसे संभव है?''

''हाँ भाई।'' मैंने कहा, ''यह छुआछूत की बीमारी नहीं है।''

''सच बोल रहे हो क्या भाई?''

''हाँ, साहबजी। लेकिन एक बात कहूँ? मरे हुए साँप से भी लोगों को भय लगता है। फिर विषैले सर्प का डर भला क्यों नहीं लगेगा! और एक बात कहूँ, वे सर्प नहीं हैं, वे तो डोरियाँ हैं। उन्हें साँप मत समझिए। यही बात बताने की कोशिश अप्पा साहब वर्षों से कर रहे हैं।''

''फिर भी, मुझे डॉक्टर से तो मिलना ही होगा।'' कुछ अविश्वास के स्वर में लेखक महोदय बोले और हताश मन से, गंभीर कदमों से रेडक्रॉस के

पोल की ओर बढ़ गए।

हमारी मित्र मंडली मंसूर का कार्यक्रम सुनने के लिए एक ओर खड़ी हो गई।

मजाक का हैंगओवर कुछ भारी पड़ गया था, इसलिए उस समय कोई किसी से कुछ बोल नहीं रहा था। कुछ देर बाद हममें से शंका निकालनेवाला एक मित्र बोला, "यार! महारोगियों की अलग से बैठने की व्यवस्था दिखाई नहीं पड़ रही है।"

"फिर? सब घुल-मिलकर बैठे हैं क्या?"

"और यार। वे लेखक लोग भी तो आए होंगे न?"

"भगवान् ही जानें! यदि आए भी होंगे तो वे इस कार्यक्रम का आनंद ले भी पाएँगे या नहीं?"

"यह सब इस बंड्या की मस्ती है।"

"जाने दो यारो! अज्ञान दूर करने का जो मार्ग बंड्या ने अपनाया, वह अप्पा साहब से अलग है। उन्हें पसंद नहीं आएगा।"

"ऐ। सावधानी से देखो। दर्शको में कहीं कोई महारोगी दिखाई नहीं दे रहा है न?"

"यह कैसे हो सकता है।" यह 'शो' तो उन्हीं की खुशी के लिए है। वे तो जरूर होंगे।"

"छोड़ो यार! इन सजे-सँवरे स्त्री-पुरुषों को कोई भला महारोगी कैसे कहेगा? यह तो अलग-अलग गाँवों से आए अप्पा साहब के मेहमान हैं।"

मंसूर पूरी तन्मयता से गा रहा था।

हर गाने के बाद लोग तालियों से उसकी हौसला अफजाई कर रहे थे।

मंसूर मुसकराते हुए, सिर झुकाकर लोगों का अभिवादन स्वीकार कर रहा था। उसका अफलातून ऑर्केस्ट्रा हर किसी को मदहोश कर रहा था।

लेखक मंडली कार्यक्रम का आनंद ले रही है या नहीं, इसकी जानकारी तो मुझे नहीं थी, पर मेरा मन नहीं लग रहा था। मैं "अभी आता हूँ" कहकर उन मित्रों को छोड़ भीड़ से बाहर निकल आया।

सुंदर अर्धचंद्र आकाश में शोभायमान था। उबाऊ भीड़ के बाहर गरमी की रात में ठंड मंद-मंद बहती हवा तन-मन को सुखद आनंद प्रदान कर रही थी। मैं परेशान तेज कदमों से चलते कुएँ के पास आया। जिज्ञासा की तृष्णा जो मिटानी थी!

वहाँ कोई दूसरा महारोगी पानी भर रहा था। "ग्यानबा कहाँ है? क्या वह कार्यक्रम देख रहा है?" मैंने उससे पूछा।

उसने उपेक्षित नजरों से मुझे देखा और कुएँ की ओर घूमते हुए रस्सी खोलकर पानी भरते हुए बोला, "वह सो रहा है।"

"क्यों···? और तुम क्यों नहीं गए कार्यक्रम देखने?"

"कोई नहीं गया है। कोई जाएगा भी नहीं। फिर बड़े सवेरे ही हम लोगों को उठना भी तो है।"

पत्थर और मिट्टी से बने रास्ते पर जो बालू फैलाई गई थी, वह लोगों के आवागमन के कारण एक किनारे जमा हो गई थी। उस पर चहलकदमी करते हुए चाय की गुमटी की ओर बढ़ गया। सामने से एक महारोगी सामान से लदा बड़ा ठेला ढकेलते हुए आ रहा था।

चाय की गुमटी से उस ओर दूर स्थित रोगियों की बस्ती दिखाई दे रही थी। कुछ जगहों पर बिजली जल रही थी तो कहीं बंद हो चुकी थी। पैसेज में कुछ लोग संतुलन बनाते हुए सँभलकर चलने की कोशिश कर रहे थे। सभी वहीं पर थे। अपनी छोटी सी दुनिया में मस्त! चकाचौंध से बिल्कुल बेखबर!

इधर मंसूर के गीतों के झनकार की खनक अष्टमी के चंद्रमा के साथ अठखेलियाँ कर रही थी।

अतिरिक्त उबाली हुई, खूब गरम काली चाय का कप मैंने होंठों से लगाया। मेरी जीभ का स्वाद बदल गया है क्या? यह मुझे अब ठीक से याद नहीं आ रहा है।

□

1978

मेरे मित्र ने फोन करके बताया कि डॉक्टर, एयरपोर्ट पर फ्लाइट का इंतजार कर रहे हैं। यह सुनते ही मैं तुरंत एयरपोर्ट की ओर रवाना हो गया। वैसे डॉक्टर साहब ने अपने बारे में किसी को कोई जानकारी नहीं दी थी। उनके रवाना होने का समय भी किसी को पता नहीं था। इसलिए उन्हें छोड़ने के लिए एयरपोर्ट पर कोई नहीं आया था। डॉक्टर के लिए मेरे दिल में जो आदरभाव था, इस बात से मेरा वह मित्र वाकिफ था। उससे सूचना मिलते ही मैं रवाना हो गया।

डॉक्टर साहब वर्धा छोड़कर जानेवाले हैं, यह जानकारी मेरे पिताजी ने मुझे दी थी।

"क्यों?"

"कहाँ?"

मैं मन-ही-मन पूरी तरह से टूट चुका था। डॉक्टरजी ने वर्धा हमेशा के लिए छोड़ दिया है। वे वर्धा, अब सहज रूप से यूँ भी कभी लौटनेवाले नहीं हैं, ऐसा उन्होंने कहा था। अपनी सारी जायदाद, घर का छोटा-बड़ा सामान उन्होंने लोगों में बाँट दिया। लोगों की जरूरत और पसंद के अनुसार उन्होंने अपनी चीजों को बाँटा था। वे कह रहे थे कि अब वे वानप्रस्थाश्रम में जाएँगे। लेकिन इसके लिए उन्होंने इनसानों के जंगल मुंबई का चुनाव, इस उम्र में क्यों किया? वहाँ तो उनका कोई सगा-संबंधी भी नहीं है! जहाँ इनसान ही इनसान का नहीं होता, उस मुंबई में अब स्थायी निवास बनाने के लिए क्या यह कोई उचित उम्र है?

डॉ. रावेरकर और विमलताई दोनों एयरपोर्ट के प्रतीक्षा कक्ष में एकदम कोने की कुरसियों पर बैठे हुए दिखाई दिए। दोनों न तो आपस में बातचीत कर रहे थे और न किसी और से। इस समय वे क्या सोच रहे होंगे? कैसा लग रहा होगा उन दोनों को? कोई उन्हें विदा करने न आए, इसलिए किसी को भी उन लोगों ने सूचना नहीं दी थी। क्या उनका मन शांत होगा? अपने प्रियजनों को छोड़कर अनजानी दुनिया में जाने के उपरांत क्या उनके दिलों में अपार वैराग्य की भावना पनप पाएगी? या फिर मेरे कार्य एवं त्याग की कद्र दुनिया ने बिल्कुल नहीं की, यह भावना हमेशा उनको आहत करती रहेगी?

मैं सीधे उनके पास पहुँचा। डॉक्टर साहब के पैर छुए और फिर विमलताई के। मैं झुका हुआ था, इसलिए दोनों ने मुझे नहीं पहचाना, जब उठा तो पहचाना।

"अरे बंड्या तुम!" डॉक्टर बोले।

"अरेऽऽ! कितना बड़ा हो गया है यह!" विमलताई बोलीं, "बचपन में कितना शरारती था। इसके पिताजी को लगता था कि उनका बेटा हाथ से निकल जाएगा, बेकार हो जाएगा। पर यह तो चरण-स्पर्श कर रहा है!"

दोनों खुले मन से हँस रहे थे। डॉक्टर साहब ने बड़े प्यार से मुझे अपने पास बैठाया। अब उनके चेहरे की वह उदासी दूर हो चुकी थी, जो कुछ देर पहले झलक रही थी। अब दोनों मुसकरा रहे थे। मेरा भी मन भर आया। मेरे मुँह से तो मानो शब्द ही नहीं निकल पा रहे थे।

"एयरपोर्ट पर कैसे आना हुआ आज?" डॉक्टर साहब ने कुछ मजाकिया लहजे में पूछा। "शायद कोई मिनिस्टर वगैरह आ रहे होंगे! अब तुम पत्रकार हो तो यह सब तो तुम्हारे काम का हिस्सा है ही।"

"नहीं, ऐसा कुछ भी नहीं है।"

"अरे अब तो जनता पार्टी की सरकार है।"

"डॉक्टर साहब, आप सचमुच वर्धा छोड़कर जा रहे हैं?"

"छोड़कर जा रहा हूँ! अरे भाई छोड़ दिया।" वे बोले, "यह जो आवश्यक सामान है और तन पर जो कपड़े हैं, बस उनके साथ वर्धा छोड़ दिया।"

''घर-बँगला, सामान इत्यादि सबकुछ दान कर दिया?''

डॉक्टर हँसे और बोले, ''दान क्या, सबको बाँट दिया। बँगला मैं मुंबई थोड़े ही ले जा सकता था? इसलिए जो किराएदार रहते थे, सबकुछ उनके नाम दान कर दिया और उन्हें सौंप दिया।''

''लेकिन उसे आप बेच भी तो सकते थे?''

''फिर उन पैसों का क्या करता? हम दोनों ही तो हैं केवल। हमारे जीवन-यापन के लिए जितना लगेगा, उतना तो है हमारे पास।''

''संस्थाओं को दान दिया जा सकता था।'' विमलताई हँसीं, फिर बोलीं, ''संस्थाओं ने उसका क्या किया होता? इसकी बजाय इतने सालों से हमारे साथ जो किराएदार थे, जिन लोगों ने हमसे इतना प्रेम किया, हमारे बिना भोजन नहीं किया, आखिर उनके ऋण से हम कैसे मुक्त हो सकते थे? उनको दे देने से हमारे मन को और भी संतुष्टि प्राप्त हुई।''

''सती होनेवाली औरत जिस तरह अपना सबकुछ बाँट देती है, ठीक उसी तरह आपने भी बाँट दिया। फिर मुंबई में जाकर पुनः कुष्ठ रोगियों के लिए आप लोग कार्य करेंगे न?''

''नहीं, नहीं। उस काम को भी हमने त्याग दिया है।'' विमलताई बोलीं।

यह मेरे लिए एक बहुत बड़ा धक्का था। डॉक्टर साहब वर्धा छोड़ रहे हैं, इससे भी बढ़कर था यह धक्का। एक अचंभित कर देनेवाला झटका था। डॉक्टर साहब अपने व्रत का ही त्याग कर रहे थे। मैं फटी आँखों से उनकी ओर देख रहा था। माहौल किस कदर अपने आप में ढाल लेता है मनुष्य को!

वे मेरी ओर देखते हुए मंद-मंद मुसकरा रहे थे। फिर बोले, ''तुम लिखते हो, इसलिए यह पेन रखो। समाचार लिखने की बजाय यदि सच्चे मन से किसी बात को लिखने की कोशिश करोगे तो यह पेन तुम्हारा साथ देगा।''

खादी के कुरते की जेब से उन्होंने पेन निकाला और उसकी ओर न देखते हुए मेरे हवाले कर दिया। मैं पुनः पैर छूने की कोशिश करने लगा तो उन्होंने मुझे पैर छूने नहीं दिए। मैं उनकी ओर देखता रहा। हाथ के पेन की

ओर नजर गई तो देखा वह पार्कर का पेन था।

एम.ए. हो जाने के बाद अखबार की नौकरी करते मुझे छह वर्ष हो गए थे। अपनी छब्बीस साल की उम्र में मैंने अपनी आँखों से इस तरह का पेन नहीं देखा था।

डॉक्टर साहब भी मेरी आँखों के भाव को पढ़ रहे थे, ''अब मुझे इसकी कोई जरूरत नहीं है।'' वे बोले।

मैं बहुत देर तक सामने की ओर देखता रहा। ''अरे भाई, तुम एयरपोर्ट किस काम से आए थे?'' विमलताई पूछ रही थीं।

''आप लोगों के दर्शन के लिए।''

डॉक्टर साहब हँसने लगे, फिर बोले, ''बात मत बनाओ। हम लोग अगली प्लेन से जा रहे हैं, यह बात कोई नहीं जानता। हमने इसकी सूचना किसी को दी ही नहीं।''

''मुझे किसी तरह मालूम पड़ा, इसलिए आपसे मिलने आ गया। यही सच्चाई है। किस-किसको क्या-क्या बाँटा आपने डॉक्टर साहब?''

अपनी व्यंग्यात्मक हँसी से बाहर निकलते हुए डॉक्टर साहब ने कहा, ''तुम्हारे पिताजी को बग्गी दिया।''

''क्या? बग्गी!''

''हाँ, आज सवेरे ही गया था। उनसे कहा, यह बग्गी, घोड़े, बग्गीवाला इन सबको अब तुम्हें ही सँभालना है।''

मेरी आँखों के सामने डॉक्टर साहब की बग्गी का दृश्य सजीव हो गया। उदासी के इस मानसून पर छतरी की तरह तनने की कोशिश कर रहे थे डॉक्टर साहब।

ढँकी थी, इसलिए वह बग्गी थी। बग्गी क्या, वह तो रथ था। काली-काली चमकदार लकड़ी का बना हुआ, चार पहियोंवाला रथ। आगे दो बड़े तगड़े उम्दा घोड़े। तुर्रेदार बग्गीवाला। अंदर छह लोग बैठ सकें, इतनी जगह थी। ऊपरी छत को आवश्यकतानुसार लगाया जा सकता था और हटाया भी जा सकता था।

डॉक्टर साहब की कोठी हमारे बँगले के ठीक सामने थी। यह बग्गी मैं रोज देखा करता था।

''तुम्हारे पिताजी को, कचहरी रोज ताँगे से जाना पड़ता है। वे मोटर गाड़ी खरीद सकते थे पर उन्हें कभी इसका शौक ही नहीं रहा।''

अब डॉक्टर की बग्गी से मेरे पिताजी रोज शान से कचहरी जाएँगे।

''क्या मेरे पिताजी ने उस बग्गी को स्वीकार किया?''

''पहले तो मना कर रहे थे। फिर मैंने ही समझाया, ये दो घोड़े पालने की ताकत किसमें है? बरात में दूल्हे को नचाने के लिए कोई कॉन्ट्रेक्टर इन्हें खरीद लेता, इसकी बजाय जब तक घोड़े और बग्गीवाला है, तब तक तुम्हीं सँभालो इन्हें।''

कुछ देर तक कोई कुछ नहीं बोला।

''कौन सी वस्तु किसे दी जानी चाहिए, इसकी समझ होनी चाहिए।'' विमलताई ने कहा, ''कौन, किस, वस्तु से दिल लगाएगा! इसकी जानकारी जरूरी है। हमारे बँगले के किराएदार अपने-अपने घरों के कमरों से प्रेम करते थे। जानवर और इनसान तुम्हारे घर में प्यार से रहेंगे और उनके लिए ही यह बग्गी है।''

''स्वतंत्र बग्गी को भी उतना ही सम्मान मिलेगा'' मैं अपने अंतर्मन को जाग्रत् करते हुए बोला।

''जैसे तुम्हारे पास यह पेन।'' विमलताई बोलीं।

कुछ देर चुप्पी बनी रही फिर मैंने पूछा, ''मुंबई में आप लोग रहेंगे कहाँ?''

''मरीन-ड्राइव पर हमारा पुराना फ्लैट है। इस समय वहाँ हमारी भतीजी रहती है। कुछ दिन बाद वह अपने पेडर रोड के बँगले में चली जाएगी।''

बँगला, बग्गी, मरीन-ड्राइव पर फ्लैट, पेडर रोड स्थित बँगला, पार्कर पेन इत्यादि मानो चौपाटी की रेत में खेलते हुए बच्चों ने रंग-बिरंगे पत्थर जमा किए हो और अचानक मम्मी-पापा कहते हैं, ''चलो अब चलते हैं।'' सबकुछ वहीं छोड़कर बच्चे उनके साथ हो लेते हैं··· उन पत्थरों को उसी तरह

छोड़कर…आखिर पत्थरों की कीमत ही क्या होती है…? डॉक्टर साहब के पास इन सब चीजों की बड़ी लंबी लिस्ट होगी, इसमें कोई आश्चर्य की बात नहीं है। किंतु डॉक्टर रावेरकर और विमलताई रावेरकर जीवनव्रती कुष्ठरोग विशेषज्ञ दंपती ने कुष्ठरोग उन्मूलन के कार्य को भी एक पत्थर का टुकड़ा मानकर उसका भी त्याग कर दिया, यह एक बड़ी जबरदस्त, धक्का देनेवाली घटना थी। इस घटना से उबरना, मेरे लिए अत्यंत कठिन था। उदासी हमें संक्रमित कर चुकी थी। मेरे भीतर की चिड़िया अधमरी हो गई। मन मरोड़ें खा रहा था। वह घर कितना दोस्ताना था! सेमल के फूल सी कैसी उड़ती रहती थी जिंदगी ठौर-ठौर में। वही जिंदगी कैसे दुबककर बैठ गई है आज किसी कोने में! विचारों की एक भरपूर नदी बही जा रही थी मेरे भीतर।

"मुझे दो प्रश्न पूछने हैं?" मैंने कहा।

"अखबार में छापनेवाले हो क्या?" डॉक्टर साहब की वही चिर-परिचित मंद मुसकान।

"नहीं।" मैं गंभीर स्वर में बोला।

पहला प्रश्न—"अप्पा मार्जनी गुरुजी इस क्षेत्र में काफी वर्षों से कार्य कर रहे हैं। पिछले चार-छह सालों में उनका बोल-बाला बहुत बढ़ गया है। लोग कहते हैं कि उनकी यह पहचान सारे संसार भर में है, आपसे भी कहीं ज्यादा। आपकी क्या प्रतिक्रिया है? यह पहला प्रश्न है। दूसरा प्रश्न यह कि, मुंबई में आप क्या करोगे?"

"तुम्हारे पहले सवाल का जवाब बाद में दूँगा, पहले दूसरे प्रश्न की ओर मुड़ते हैं। हम दोनों मुंबई में एकाकी जीवन जिएँगे। शेष जिंदगी एक-दूसरे के लिए जीते हुए बड़े आनंद से गुजारेंगे। हम दोनों ने एक-दूसरे को इतना समय कभी दिया ही नहीं।" डॉक्टर साहब हँसते हुए बोले, "अप्पा मार्जनी बहुत नेक इनसान हैं। कुष्ठ रोगियों के विषय में उनकी…"

घोषणा प्रारंभ हो गई। हम सभी लोग सतर्कता से खड़े हो गए। मैंने उनका सामान उठाया।

"मुंबई आओ, फिर बात करते हैं।"

“आपके एकांत जीवन में मेरा इस तरह से आना क्या उचित होगा?”

“क्यों नहीं! बिल्कुल उचित होगा। हम लोग किसी गुफा में रहने नहीं जा रहे हैं। सब्जी मंडी, टैक्सी, स्टेशन यहाँ तो लोग मिलेंगे ही। फिर इनसानों से हम थोड़े ही अपने आपको दूर करनेवाले हैं।” डॉक्टर साहब बोल रहे थे।

“सर, और एक सवाल है…”

डॉक्टर चेकिंग की कतार में खड़े थे। विमलताई महिलाओं के प्रवेश द्वार से कब की अंदर जा चुकी थीं।

“डॉक्टर साहब, कुछ साल पहले आपने प्रधानमंत्रीजी को एक योजना दी थी। इसकी जानकारी मुझे है। वह योजना उन्होंने अप्पा साहब को सौंप दी, क्या यह सच है? फिर अब तो वह सत्ता भी नहीं रही…आगे।”

“तुम आओ, फिर बात करते हैं।” यह कहते हुए डॉक्टर साहब सिक्यूरिटी गेट से अंदर चले गए। वह हलकी सी मुसकान, जो अपनी आखिरी लहर में एक गहन उदासी में तब्दील हो गई थी।

टर्मिनल के दूसरी ओर स्थित हरे-भरे घास के मैदान से चाँदनी रात में विमान की ओर जानेवाले उन दोनों को मैं निहार रहा था।

श्वेत खादी के वस्त्र धारण किए हुए डॉक्टर रावेरकर-दंपती जीवन की संध्या-छाया के उस पड़ाव पर सतत आगे बढ़ रहे थे, जिनको देखकर ऐसा प्रतीत हो रहा था, मानो कोई पूर्वजन्म के शापित राजा-रानी हों या फिर आज के युग के कोई ऋषि एवं ऋषिपत्नी हों।

मुझे ऐसा लग रहा था…डॉ. रावेरकर जीवन के इस संघर्ष में अपने आपको पराजित मान बैठे और उन्होंने बड़ी ही शांति से अपने युद्ध के वस्त्रों को त्याग दिया। कुष्ठ निर्मूलन की दुनिया से वे अपने शरीर पर पराभव के घावों को लिये पुरातन काल के किसी रोमन योद्धा की तरह मैदान से प्रस्थान कर रहे थे।

उसी समय से मेरे मन में धन एवं ख्याति-प्राप्ति की लालसा रखनेवाले अप्पा मार्जनी के प्रति एक प्रकार से नफरत की भावना पैदा हो गई।

□

1957

अपने दादाजी के साथ मैं सामने स्थित उस कोठी में गया। वहाँ रहनेवाले डॉक्टर उम्र में मेरे दादाजी से बहुत छोटे थे, फिर भी मैं देखता कि मेरे दादाजी उस डॉक्टर से बड़े अदब और आदरपूर्वक व्यवहार किया करते थे। पूरा गाँव मेरे दादाजी से बड़े आदरभाव से मिलता था और दादाजी उस डॉक्टर से। अच्छा डॉक्टर से यह मतलब नहीं था कि मेरे परिवार का कोई सदस्य उनके यहाँ इलाज करवाने या फिर दवाई लेने जाता था। मैं जानता हूँ, यदि ऐसी कोई जरूरत पड़ती तो लोग डॉ. भैयाजी वराडपांडे या फिर डॉ. काका साहेब भालेराव के पास ही हमें ले जाया करते थे। तब ये डॉ. रावेरकर आखिर हैं कौन? यह प्रश्न प्रायः मेरे बालमन में उठा करता।

मेरे दादाजी हमेशा उनसे आदरपूर्वक बातें करते थे, इसलिए डॉ. रावेरकर के साथ मैं भी शरारत नहीं करता था। दूर से ही उन्हें देखा करता। वे मुझे बहुत प्यार करते थे, लेकिन मेरे मन से उनके प्रति डर की भावना कम नहीं हो रही थी। उनके घर जाने पर विमलताई बिना कुछ खिलाए मुझे वापस नहीं आने देती थी। साथ ही दादाजी को जो चाय मिलती, उसमें से एक प्लेट, दादाजी द्वारा नजर बचाकर मुझे भी मिल जाती। इसके लिए कभी-कभार विमलताई से मुझे डाँट भी खानी पड़ती।

''पीने दो चाय, चाय पीने से उसके कान थोड़े ही काले पड़नेवाले हैं।'' डॉक्टर हँसते हुए कहते।

''और इससे भी काले होंगे क्या कान? मैं पूछता था, ये तो पहले से ही काले हैं।''

बच्चे की तोतली बोली सुन सभी हँस दिया करते थे। मुझे डॉक्टर साहब के घर जाने में बहुत अच्छा लगता था। विमलताई कभी मुझ पर नाराज नहीं होती थीं। माँ की मार और पिताजी की गुस्सैल नजरों से बचने के लिए मेरे पास सिर्फ दो उपाय थे। एक तो दादाजी का आश्रय लेना, दूसरा सामने के बँगले में विमलताई के दवाखाने में भाग जाना। डॉक्टर जब गाँव में नहीं होते, तो मेरी शरारतें बढ़ जाती थीं। विमलताई के दवाखाने में जाकर मैं खूब हुड़दंग मचाता।

इन बातों को लेकर वे मुझ पर कभी नाराज नहीं हुईं।

दादाजी हमेशा कचहरी में ही व्यस्त रहा करते थे, इसलिए बीच के समय में, सहारे के लिए विमलताई का दवाखाना मेरा बड़ा आधार होता था। उनके पास जाने से मेरी सजा तो माफ हो ही जाती थी, साथ ही किसी और के पास जाने की सजा जो हो सकती थी, उससे भी मैं बच जाता था। विमलताई कभी किसी पर नाराज नहीं होतीं, ऐसा नहीं था। मुझे सजा देने के कारण मेरे माता-पिता से वे नाराज हो जाया करती थीं। इससे मुझे बहुत बल मिलता था। मुझे डाँटने-डपटनेवाले मेरे माता-पिता पर जब विमलताई नाराज होतीं तो वे लोग चुपचाप सब सुन लिया करते थे। इससे मुझे बड़ी हिम्मत मिलती थी।

विमलताई के दवाखाने में सफेद रंग की एक बड़ी अलमारी थी। 'रेफ्रिजरेटर' इसका उच्चारण पाँच वर्ष की उम्र में भी मैं स्पष्ट रूप से किया करता था। यह बात मुझे आज भी याद है। उस अलमारी को किसी अन्य द्वारा छूना विमलताई को बिल्कुल अच्छा नहीं लगता था। किंतु मैं उसमें से ठंडे पानी की बोतल निकालकर प्राय: ठंडा पानी पिया करता था। इसके लिए वे कभी मुझ पर नाराज नहीं होती थीं।

"अरे, पानी मिक्स करके पियो।" बस इतनी सी हिदायत वे देती थीं, "नहीं तो गला बैठ जाएगा।"

मैं उस अलमारी को 'मट्ठा का यंत्र' कहा करता। इस बात को विमलताई और डॉ. रावेरकर बहुत पसंद किया करते थे। डॉक्टर अकसर वर्धा में नहीं

होते थे। विमलताई से पूछने पर पता चलता था कि वे लंदन गए हैं। कभी फिनलैंड, कभी जिनेवा, कभी अमेरिका, कभी कहीं, तो कभी कहीं। मलेशिया, सुमात्रा, बाली नामीबिया, नाइजेरिया दक्षिण अफ्रीका, ऑस्ट्रेलिया इत्यादि नाम तो उस उम्र में भी मुझे नागपुर, अमरावती की तरह परिचित लगने लगे थे। लंदन का आकर्षण मेरे दिल में उसी समय से है। डॉक्टर तो हमेशा लंदन जाया करते थे। 'डॉक्टर लंदन गए।' यह वाक्य अकसर खेलते समय मैं चिल्लाकर बोला करता था। गुल्ली-डंडा, गोलीकंचा या फिर कोई भी खेल खेलते-खेलते मैं बीच में ही चिल्लाता, "डॉक्टर गए लंदन।"

हमारे देश पर अंग्रेजों का शासन था। यह मुझे किसी ने बताया था और ये शत्रु लंदन से आए थे, यह भी मैं जानता था। मुझे किसी ने नक्शा दिखाया और पूछा "बताओ, लंदन कहाँ है? रोज लंदन-लंदन करते हो न?"

मुझे भारत का नक्शा भी देखना नहीं आता था। मैं आजकल के इसलामाबाद के पास पश्चिम पाकिस्तान पर उँगली रखा करता था। अंग्रेज भारत के बाहर से आए और लंदन भारत के बाहर है। पिताजी व दादाजी प्राय: काम के सिलसिले में या फिर कोर्ट-कचहरी के चक्कर में मुंबई और नागपुर जाते थे, ठीक इसी तरह डॉक्टर भी लंदन जाते हैं। वह दूर नहीं होना चाहिए, ऐसी मेरी धारणा थी। इसलिए नक्शे में सीमा के उस पार कहीं भी उँगली रख दिया करता था।

अब मेरी समझ में आया कि डॉक्टर साल भर में कितनी बार विदेश जाया करते थे। डॉक्टर की बग्गी मेरे लिए बड़े आकर्षण की वस्तु थी। घोड़ों से जुती हुई गाड़ी जब खाली समय में यूँ ही खड़ी रहती तो मैं उसमें शान से जाकर बैठ जाया करता था। दादाजी और पिताजी कचहरी में होते, दीदी और भैया स्कूल। मेरे कोई भी काका वर्धा में नहीं थे। दादी ताश के पत्तों के संसार में खोई रहती तो मम्मी बढ़िया खाना पकाकर किचन में ही पेपर पढ़ते-पढ़ते सो जाया करती थीं। वे बतौर तकिया किचन की ही कोई दराँती ले लिया करती थीं। रखमाबाई घर के सभी जरूरी कामकाज निपटाकर कुछ बीनने का काम किया करती थीं। कुएँ के किनारेवाला गूलर का पेड़ मंद पवन के

संग झूलता। गैरेज की जगह पर स्थायी रूप से तरकारी की दुकान लगाकर बैठा बाबाजी राख-कद्दू की मीठी-चपटी बूँदों जैसे काले बीज पत्तेवाले दोने में रख मेरे हवाले कर देता।

अगल-बगल देखकर लंबी सड़क पार करते हुए मैं डॉक्टर साहब के घर पहुँच जाया करता था। अंदर पैरों पर अस्थिर घोड़ों की जोड़ी कुछ चरा करती थी। बग्गीवाला जनार्दन, टीन की छत के नीचे शरीर मोड़कर सोया रहता। तब मैं बग्गी में उसकी जगह पर बैठकर बगल से खोंसी हुई छड़ी निकालता और काल्पनिक घोड़ों को हाँकते हुए सपनों की दुनिया में खो जाता। मैं बग्गी में कोचवान की सीट पर बैठकर ऐसे गाड़ी हाँकता, मानो पूरी रफ्तार से बग्गी सड़क पर दौड़ रही है। बग्गी चलाकर थक जाने के बाद मैं धीरे से सवारी सीट पर बैठ जाता। काल्पनिक रूप से जैसे डॉक्टर साहब शान से बैठे हैं, होठों को बंद किए, मुँह में पान का रसास्वादन करते हुए। इस तरह बड़ी देर तक मैं बग्गी में बैठा करता था। अपना एक पैर मोड़कर दूसरे पैर पर रखकर। अपनी पीठ को सीट से लगाकर बड़ी शान से बैठता और हल्के से राजसी नजरों से बाहर की ओर भी खिड़की से झाँक लिया करता था। इन सबसे जब थक जाता और बोर हो जाता तो दवाखाने के पिछले दरवाजे से प्रवेश करता। सीढ़ियाँ चढ़ते ऊपर की ओर जाता। वहाँ विमलताई टेबल-कुरसी के सहारे पेपर पर कुछ लिखते हुए मिलती थीं। काँच के चश्मे की ऊपरी सतह से मुझे देखतीं, कभी हल्की सी मुसकरा देतीं, तो कभी कुछ लेने के लिए कहतीं—

"उस ओर ऊपरी रैंक में बाएँ से जो तीसरा जार है, उसमें मैंने तुम्हारे लिए नमकीन बिस्किट लाकर रखे हैं, जाकर ले लो। सँभलकर जाना। शीशे का बरतन टूट जाए तो चिंता नहीं है, मगर तुम मत गिरना। हाँ, ऊपर चढ़ने के लिए वह स्टूल ले लेना।" उसके बाद वे फिर लिखने में जुट जातीं।

डॉक्टर साहब जब कभी गाँव में होते और कहीं जा रहे होते तो मुझे निश्चित रूप से बुलाते। मैं बड़े आनंद से बग्गी में जाकर बैठ जाता। उनकी मौजूदगी में बग्गी में मैं शरारत नहीं करता।

बग्गी से कभी सेवाग्राम, कभी बिरबड़ी, कभी पिंपरी, बोरगॉव सालोड़, ऐसी कई जगहों पर जाना होता था। साथ में डॉक्टर साहब का कं ाउडर रहता था। लेकिन वह कभी उनकी बगल में नहीं बैठता था। मैं कहीं भी बैठ जाता और कई बार सीट .बदलता रहता।

बाहर किसी भी गाँव में जाने पर वहाँ कुरूप चेहरेवाले एवं भयानक लगने वाले लोग बड़े अदब से डॉक्टर के पास जमा हो जाते थे। उनमें से अधिकांश लोगों की नाक नहीं होती थी। आँखें डरावनी सी लगती थीं। कइयों की उँगलियाँ नहीं होती थीं। पैरों में हमेशा कपड़े बँधे होते थे, हाथों में भी कइयों के कपड़े बँधे होते थे।

ये साधारण से दिखनेवाले कुछ लोग डॉक्टर साहब से नाराजगी के सुर में भी बोलते थे। डॉक्टर उनसे चिढ़ते नहीं थे। वे लोग हमेशा कहते, ''डॉक्टर, इन्हें यहाँ से ले जाओ।''

''अरे, वह तुम्हारा बाप है। जन्म दिया है तुमको।''

''होगा, पर अब नहीं है। उसे रोग है।''

डॉक्टर साहब से, मेरे दादा भी बड़े आदर से बरताव करते हैं और यह, जिसकी एक नौकर जैसी भी हैसियत नहीं है, वह गंदा आदमी इस तरह से उनसे बातें करता है, यह मुझसे बरदाश्त नहीं होता था। कहीं से सुनी गालियाँ मैं ऐसे लोगों के प्रति मन-ही-मन बुदबुदा दिया करता था।

डॉक्टर टूटी नाकवाले उन रोगियों के कंधों पर हाथ रखकर बात किया करते थे। मवाद बह रही उँगलियों को जब वे अपने हाथ में थामते तो मुझे बड़ा डर लगता था। डॉक्टर ऐसे लोगों के घरवालों को समझाते, ''इन्हें घर पर रखना चाहिए। घर से ही इलाज होना चाहिए। तुम लोगों को कुछ नहीं होगा। मैं हूँ न! यदि मैं नहीं भी होता हूँ तो क्या? डॉक्टर जोशी तो रोज आते हैं न!''

ये कुरूप लोग जब घर की ओर लौट रहे होते, तो रास्ते में मौजूद लोग दूर हट जाते थे या फिर रास्ता छोड़ देते थे। कई बूढ़ी औरतें उँगलियाँ

चटकाने लगतीं। उनकी भी उँगलियाँ उसी तरह हो जाएँ, ऐसा मेरे गुस्सैल मन को लगता।

मवाद यदि हाथ में लग जाता तो डॉक्टर साबुन से बड़ी स्वच्छता से हाथ को धोते थे। स्वच्छ टॉवेल से पोंछते और फिर आकर बैठ जाते। मैं बग्गी में बैठा यह तमाशा, अपने प्राण मुट्ठी में भींचे देखा करता।

जब डॉक्टर जोशी बग्गी में होते तो मैं सामने की सीट पर बैठ जाता। दोनों आपस में चर्चा किया करते थे। "लेकिन उन्हें घर पर ही रखना उचित है और उनका इलाज भी घर से ही होना चाहिए।" इस बात पर दोनों एकमत होकर चर्चा करते।

डॉक्टर जोशी बोलने में कुछ कड़क थे, "दवाखाने में ले जाने की बजाय लोग आश्रम में भरती कर देते हैं।" ऐसा कुछ बोलते हुए वे अपना गुस्सा व्यक्त करते। इस पर डॉक्टर रावेरकर उन्हें कुछ समझाते और शांत करते।

स्कूली दिन खत्म होने के बाद मेरा नया जीवन शुरू हो गया और बचपन की आजादी खत्म हो गई। आगे हाईस्कूल में दाखिला लेने के बाद भी डॉक्टर साहब पूछा करते थे, "क्यों बंड्या! चलोगे न बग्गी में?"

मैं नहीं जाता था। अब मैं बड़ा हो गया था, इसलिए शर्म भी लगती थी। मेरा उनके घर जाकर 'चीज्जी' खाने का कार्यक्रम लगभग बंद हो गया था। साथ ही मार से बचने के लिए उनके घर जाकर सहारा लेने का खेल भी अब बंद हो गया था, लेकिन विमलताई ने कभी एक शब्द भी शिकायत में नहीं कहा और न ही मुझसे कभी पूछा कि मैं उनके पास क्यों नहीं आता? वे समझ रही थीं कि अब उड़ने को पंख पसार चुका है परिंदा! न चाहते हुए भी घुमड़ती यादों की गठरी खुल रही थी परत-दर-परत। आँखों में स्मृतियों के न जाने कितने चिराग रोशन हो रहे थे।

□

1935

लंदन के स्टेनफोर्ड अस्पताल में एक रोगी इंटेंसिव केयर यूनिट में भरती था और एक युवा डॉक्टर चारों रोगियों पर बाज की तरह आँखें गड़ाए बैठा था।

ये युवा डॉक्टर और कोई नहीं, डॉक्टर रावेरकर ही थे। वे उस यूनिट के इंचार्ज थे। उन्हें इन रोगियों की समान दृष्टि से देखभाल करनी थी। फिर भी एक नंबर बेड के रोगी पर उनकी नजर बार-बार टिक जाती। वह रोगी हृदयरोग से पीड़ित था। हार्ट-अटैक का शिकार वह व्यक्ति केवल पचास की उम्र का था। डॉक्टर की नजर उस पर टिकने की कोई खास वजह नहीं थी। वास्तव में तीन नंबर बेड का रोगी भयंकर मोटर दुर्घटना से बचा था, किंतु उसे आंतरिक चोट अधिक लगी थी। पिछले दो दिन से वह बेहोश था। वैसे देखा जाए तो इस रोगी को विशेष ध्यान की जरूरत थी।

डॉक्टर वामन रावेरकर का ध्यान बेड नंबर एक के रोगी पर केंद्रित था। इसकी वजह महज चिकित्सकीय नहीं थी। वैद्यकीय दृष्टिकोण से उनकी नजर चारों रोगियों पर थी। बेड नंबर एक के रोगी पर उनका विशेष ध्यान था। डॉक्टर की इस भूमिका को तटस्थ नहीं कहा जा सकता था। एक डॉक्टर की भूमिका निर्वाह न करते हुए अपने मन की तसल्ली के लिए वे बेडरेस्ट ले रहे उस पेशेंट की ओर बार-बार देख रहे थे।

दो, तीन और चार नंबर के रोगी अंग्रेज थे तथा नंबर एक का रोगी मात्र भारतीय ही नहीं, बल्कि एक देशभक्त भी था। उसने सावरकर और गांधीजी के कंधे से कंधा मिलाकर काम भी किया था। युवा डॉक्टर रावेरकर उन्हें

पहचानते थे। रैंग्लर बोरगावकर एक महीने के लिए ऑक्सफोर्ड यूनिवर्सिटी में गणित विषय पर व्याख्यान देने आए थे। परसों वे लंदन में थे और वहीं पर उन्हें हार्ट अटैक हुआ।

डॉक्टर प्रिस्टले के अंदर आते ही डॉ. रावेरकर कुछ पल की राहत पाने बाहर आ गए। बाहर आते ही उनके कदम रुक गए। देखा तो सामने एक युवती बेंच पर बड़े दु:खी मन से बैठी है। वैसे यह दृश्य उनके लिए नया नहीं था। वह लड़की खादी की सफेद साड़ी पर कश्मीरी जैकेट पहने थी। कुछ पल तक वह उस लड़की की ओर देखते रहे, फिर उस लड़की ने भी उन्हें देखा। काले रिबन से बँधी उसकी चोटियाँ आकर्षक लग रही थीं। तेज-तर्रार, सुंदर चेहरेवाली उस लड़की के माथे पर कुमकुम की बड़ी बिंदी सजी थी।

''एक्सक्यूज मी!··· ''उसकी ओर बढ़ते हुए डॉक्टर उससे बोले। वे कुछ और कहते, इसके पहले ही वह लड़की मराठी में बोलने लगी, ''मैं बोरगावकर। विमला बोरगावकर! रैंग्लर बोरगावकर की बेटी। मेरे पिता···''

''उनका स्वास्थ्य बिल्कुल ठीक है। खतरा टल गया है।'' वामन रावेरकर बोले। इस पर वह कुछ उदास सी हँसी, फिर बोली, ''मैंने यहीं लंदन से हाल ही में मेडिकल साइंस का पाठ्यक्रम पूरा किया है। पिताजी के स्वास्थ्य के बारे में मुझे मालूम है, मैंने केस पेपर पढ़ लिया है।''

''अभी तुम्हें पूरा डॉक्टर बनना है, इसलिए तुम्हारी इस हिमाकत को मैं क्षमा करता हूँ।'' वामन बड़े सौम्य और शिष्टाचार का परिचय देते गुस्से को अपने काबू में रखते हुए बोले।

विमला बोरगावकर क्षणभर के लिए हतप्रभ रह गई। उसने ऊपर देखा तो पाया कि वामन उससे दूर कॉरिडोर की ओर जा रहे हैं। उसने उन्हें रोका नहीं। वह इसी तरह उन्हें जाते हुए निहारती रही। वामन ने भी मुड़कर नहीं देखा।

कॉफी स्टॉल पर जाने के बाद उन्हें अचानक याद आया कि विमला एकदम से उनसे मराठी में कैसे संवाद करने लगी।

डॉक्टर वामन रावेरकर पुन: लौटकर अपनी यूनिट में आए तो विमला उन्हें कहीं दिखाई नहीं दी। अंदर प्रवेश करने के बाद वे अपने काम में लग गए।

रैंग्लर बोरगावकर के स्वास्थ्य में बड़ी तेजी से सुधार हो रहा था। दूसरे दिन तो उन्हें अलग कमरे में शिफ्ट कर दिया गया, इसलिए डॉक्टर वामन को वहाँ जाने की आवश्यकता नहीं थी। फिर भी देशभक्त बोरगावकर की पूछताछ करने के लिए वे दिन में एक बार अवश्य उनके पास जाया करते थे। कुछ समय तक बड़ी शांति से उनसे बातें करते। विमल की उपस्थिति को वे महसूस करते, पर उससे बात करने का उन्हें कभी खयाल ही नहीं रहा।

देशभक्त बोरगावकर को जिस दिन अस्पताल से छुट्टी मिलनेवाली थी, उस दिन भी वामन वहाँ गए। विमल कमरे से बाहर निकलने लगी, इसका वामन पर कुछ असर नहीं हुआ।

जब बोरगावकर ''मुझे तुमसे कुछ पर्सनल बातें करनी हैं'' बोले, तब उन्हें अहसास हुआ कि विमल बाहर क्यों चली गई।

''आप यदि नाराज न हों तो मैं एक पर्सनल सवाल पूछूँ?'' बोरगावकर ने कहा।

''जी पूछिए। मुझे कोई एतराज नहीं है।'' वामन बड़ी सहजता से बोले।

''क्या आपकी शादी हो गई है?''

''नहीं।''

वामन की समझ में अब भी कुछ नहीं आ रहा था।

''कहीं कुछ बात पक्की हुई है क्या?''

''नहीं।''

''मेरी बेटी विमला को आपने देखा है और उसके मन में आप बस गए हैं।''

''किंतु...''

''वह बड़ी समझदार है, डॉक्टर है। दिखने में कैसी है, यह तो आपने देखा ही है।''

''मगर मैंने निश्चय किया है कि मैं शादी नहीं करूँगा।''

बोरगावकर हँसने लगे।

''क्यों हँस रहे हैं?''

''जवानी में सभी ऐसा ही दावा करते हैं।''

''मेरा आशय ऐसा नहीं है। मैंने संकल्प किया है।''

''देशभक्ति का संकल्प मैंने भी लिया है। बहुत पहले ही ले लिया था। मैंने भी निश्चय किया था कि शादी नहीं करूँगा, मगर की, करनी पड़ी।''

''आपकी बात अलग है। आपका ध्येय उज्ज्वल और महान् है। मेरा संकल्प कुछ और है। मैं मुख्य रूप से यहाँ पर प्रिवेंटिव ऐंड सोशल मेडिसिन पर काम कर रहा हूँ। भविष्य में लेप्रेसी, मेरे कार्य का मुख्य विषय होगा। हमारे देश में, विशेषत: विदर्भ में यह रोग बड़े पैमाने पर फैला हुआ है। इस पर चिकित्सा के द्वारा इलाज अभी तक संभव नहीं हो पाया है। अत: इस रोग का प्रसार न हो, इसके लिए मैं कृतसंकल्प हूँ। यह कार्य जीवन भर चलेगा। इसीलिए मुझे विवाह बंधन नहीं चाहिए।''

''समझ गया।'' बोरगावकर चुपचाप लेटे रहे, कुछ सोचते रहे। वामन भी शांति से बैठे रहे।

फिर रैंग्लर बोरगावकर ने कहा, ''हमारी विमला आपको पसंद नहीं है, ऐसी तो कोई बात नहीं है न?''

''नहीं, ऐसी कोई बात नहीं है। वे तो अच्छी हैं। किसी को भी पसंद आ सकती हैं, किंतु मैं मजबूर हूँ।''

''यह आपने अच्छा कहा। इससे उसे कम दु:ख होगा, ऐसा मुझे लगता है।''

डॉक्टर रावेरकर बड़ी शांति से बैठे थे। यह सब बातें अचानक हो रही थीं, इसलिए मन-ही-मन परेशानी महसूस कर रहे थे।

''विमला मेरी इकलौती संतान है। इसकी माँ अब इस दुनिया में नहीं रही। मेरे अलावा इसको स्नेह देनेवाला कोई नहीं है। इसलिए मुझसे आकर उसने अपने मन की बात कही। लड़की है बेचारी। इतनी पढ़ी-लिखी है,

फिर भी संकोच है, उसमें, कैसे बोलूँ और क्या बोलूँ? सोचते-सोचते आखिर उसने कह ही दिया।''

''कोई बात नहीं है। आप अभी-अभी बीमारी से उठे हैं, आपको आराम की जरूरत है। आप उससे कुछ मत कहिए, मैं खुद ही बात कर लेता हूँ। ठीक से समझाकर बता दूँगा। हाँ, मगर आप अपने आप को किसी भी प्रकार से दु:खी नहीं करेंगे।''

रैंग्लर बोरगावकर असहाय और निर्बल थे। वामन बाहर आ गए। विमला बाहर बेंच पर सिर झुकाए शांत बैठी थी।

''विमला!'' कोमल स्वर में वामन ने उसे आवाज दी। उसने सिर उठाया, उसके गाल भीगे थे। साथ ही आँखों से अश्रु की धाराएँ बह रही थीं।

वामन उसके करीब पहुँचे। बेंच पर कुछ दूरी पर बैठ गए। उसने पल्लू से आँख-गाल को पोंछा, फिर उसी तरह शांत बैठी रही। वामन के अंतर्मन में असहाय सहानुभूति की लहरें उमड़ रही थीं कि इस पगली लड़की को कैसे समझाया जाए, इस विषय पर वह कुछ सोच-विचार कर रहे थे।

''विमला!'' वामन बोले ''तुमको मेरे प्रति अपनापन लग रहा है, यह तुम्हारे पिताजी ने मुझे बताया। मैंने भी उन्हें बताया कि तुम एक उच्च शिक्षित, समझदार लड़की हो। मैं तो शादी ही नहीं करनेवाला हूँ, इसलिए तुमको पसंद करने और नापसंद करने का कोई प्रश्न ही नहीं उठता। मुझसे भी अच्छा लड़का तुम्हें मिल जाएगा।''

विमला नीचे देख रही थी। अपनी आवाज को सँभालते हुए बुझे स्वर में बोली, ''मैं जानती थी, ऐसा ही कुछ होगा। आपके स्वभाव में मैंने यह पाया है कि आप अपने खुद के सुख के बारे में ही सोचते हैं। दूसरों के सुख की भला आप क्या कद्र करेंगे?''

''तुम जो बोल रही हो, वह बिल्कुल सच है। मैं तुम्हें सुख नहीं दे पाऊँगा।''

''मेरा सुख किसमें है, इसकी कल्पना न होते हुए भी आप यह तय कर रहे हैं, इस बात का मुझे आश्चर्य हो रहा है।''

वामन उसकी कुशाग्रता पर चकित हो गए।

"मैंने भी मन में ठान लिया है।" विमला बोली, "अपने पिताजी से भी यह बता दिया है। शादी करूँगी तो इसी लड़के से करूँगी, नहीं तो जीवन भर ऐसे ही रहूँगी।"

"क्या ऊट-पटाँग बोल रही हो? मेरे जैसे आत्मकेंद्रित और पागल व्यक्ति को सँभालते-सँभालते तुम्हारी नाक में दम आ जाएगा।"

"इस बात की आप चिंता न करें और मेरी ओर से तिल मात्र भी आपको तकलीफ नहीं होगी, इस बात का मैं वादा कर सकती हूँ।"

"शादी के पहले की इस तरह की रोमांटिक कसमें, शादी के बाद नहीं टिकतीं। यह सांसारिक अनुभव है और तुम इस तरह का त्याग करो, ऐसा मैं बिल्कुल नहीं चाहता। पति का गुलाम बनकर रहनेवाली भारतीय पतिव्रता नारी तुम्हारे मन पर हावी हो गई है।"

"मैंने जो वादे किए हैं, वह किसी भी सूरत में मेरी ओर से नहीं टूटेंगे। पतिव्रता के बारे में आप जो कह रहे हैं, तो पति की लात खानेवाली मूर्ख स्त्री मेरा आदर्श नहीं है। साथ ही व्यसनी और मूर्ख पति को उसके ही जूतों से मारने की बजाय कैसे इन चरणों की पूजा करूँ, यह कहनेवाली सिंधु* मेरी दृष्टि से पतिव्रता नहीं हो सकती। पति ने जिस व्रत को स्वीकार किया है, उस व्रत को स्वीकार करनेवाली स्त्री ही पतिव्रता होती है।"

"मेरे संकल्प को तुम जानती हो?"

"नहीं जानती।"

"फिर भी अंधे की तरह इस सूनी दुनिया में कूद रही हो!"

"नहीं, आपकी महानता की मैं कल्पना कर सकती हूँ। आपका व्रत कोई ऐसा-वैसा सामान्य तो होगा नहीं, और ऐसा भी नहीं होगा, जो मुझे अप्रिय लगे। आपका व्रत बेकार, बेमोल नहीं होगा। इसका मुझे पूरा भरोसा है। इसीलिए कह रही हूँ।"

---

*'सिंधु' राम गणेश गडकरी लिखित 'एकच प्याला' की एक प्रमुख पात्र है, जो शराबी पति की सेवा को अपना धर्म मानकर सबकुछ सहती है।

"महारोग पर नियंत्रण पाना मेरा संकल्प है। ठीक से सुनो। कुष्ठसेवा या सेवाभाव इत्यादि ऐसा कुछ भी बेकार का विषय मेरे संकल्प में शामिल नहीं है। मेरा संकल्प पूर्णत: डॉक्टरी संकल्प है। प्रिवेंटिव ऐंड सोशल मेडिसिन का।"

विमला के चेहरे पर मुसकान उभर आई, वह बोली, "मेरा अंदाज बिल्कुल सही निकला। आपका संकल्प यदि डॉक्टरी है तो सामाजिक भी होगा। मुझे अपने साथ ले लीजिए।"

"आपको लग रहा होगा कि यह औरत गले पड़ रही है। लेकिन मैंने भी अपने मन में एक व्रत ले रखा था। मुझे जैसा चाहिए था, ठीक वैसा ही लड़का, भगवान् ने मेरे लिए भेजा है।"

"जैसे दरजी ने नापकर सी दिया हो।" वामन गंभीरता से बोले।

"हाँ, बिल्कुल वैसा ही।" विमला मंद-मंद शरमाते हुए बोली।

"लेकिन मुझे घर-गृहस्थी का झंझट नहीं चाहिए। इससे काम में बाधा आएगी।"

"कैसे आएगी?" विमला समझा रही थी, "मैं तो आपकी सहधर्मिणी बनकर रहूँगी।"

"लेकिन बाल-बच्चे तो होंगे, फिर उनका क्या करेंगे?"

"अरे यह कोई समस्या है? नहीं होने देंगे बच्चे।"

"बोलने में तुम्हें सबकुछ आसान लग रहा है। मगर मातृत्व स्त्री जीवन की सबसे बड़ी खासियत है। तुममें मातृत्त्व की भावना नहीं जागेगी क्या?"

"क्यों नहीं जागेगी? आप जैसे दो बच्चे हों, ऐसी हमेशा कामना रहेगी मेरी।"

"यही तो बात है।" वामन हताश होकर बोले, "इस संसार में पहले से ही इतने दु:ख मौजूद हैं, फिर हम अपने, जान से प्यारे दो जीवों को संसार की यातनाएँ भोगने के लिए छोड़ देंगे! आखिर क्यों?"

"मिथ्या है यह। आपका कथन पूर्णत: सत्य नहीं है। सच बात तो वह थी, जो कुछ देर पहले आपने कही थी। संकल्प पूर्ति में बच्चों का व्यवधान

नहीं चाहिए। हमेशा पत्नी का साथ चाहिए। उसकी मदद चाहिए। जी, मंजूर है मुझे, बिल्कुल मंजूर है। इस व्रत के लिए नहीं, आपको पाने के लिए मैं कुछ भी करने और कुछ भी त्यागने के लिए तैयार हूँ। अपने बच्चों का मातृत्त्व स्वीकार करना एक बड़ी बात है, किंतु अपने बच्चे न होते हुए भी दूसरों के बच्चों का मातृत्व स्वीकार करना, यह तो उससे भी बड़ी बात है। मैं इसे स्वीकार करने की कोशिश करूँगी। वे बच्चे अपने नहीं होंगे। हमारे पैदाइशी भी नहीं होंगे। बाद में उनके अंदर हमारे प्रति कोई भावना हो या न हो, फिर भी मैं उनकी माँ बनूँगी।''

वामन ने विमल के दोनों हाथ थाम लिये और बोले—

''विमल तुम सचमुच महान् हो। यू आर सिंपली ग्रेट! मैं आत्मकेंद्रित होने के नाते आज तक इस तरह जीता रहा। लेकिन तुम्हारे विचार श्रेष्ठ हैं। मुझसे कई गुना श्रेष्ठ। तुम मुझसे एकनिष्ठ हो, इसके पहले मैं ही तुममें समाहित हो गया। तुम्हारा गुलाम बन गया। तुमने मुझमें जो श्रद्धा और निष्ठा व्यक्त की है, उसके चलते मुझमें भी वही भावना जाग उठी, जो इस समय तुम्हारे दिल में जागी है। फूल को जैसे तितली का स्पर्श हो गया हो।''

उनके सामने की ओर का परदा हिला और देशभक्त रैंग्लर बोरगावकर दरवाजे के सहारे खड़े थे, उन दोनों को अपनी आँखों में भरने की कोशिश कर रहे थे।

□

1974

अप्पा मार्जनी का 'विकलांग' नामक नाटक देखने के लिए मैं धनवटे रंग मंदिर गया था। नाटक अत्यंत ही तथ्यहीन और बनावटी था। इससे मैं निराश हो गया। इस नाटक की खुलकर आलोचना की जानी चाहिए, ऐसी इच्छा मन में हो रही थी। नाटक के कलाकारों ने उत्कृष्ट अभिनय किया था। निर्देशक की मेहनत स्पष्ट रूप से दिखाई दे रही थी, पर मूल नाटक की कहानी में और उसके विचारों में जरा भी दम नहीं था। सिर्फ ताली बजाए जानेवाले संवादों की भरमार मात्र थी।

आलोचना के लिए मेरे पास माध्यम भी उपलब्ध था। एम. ए. करने के तुरंत बाद मैंने एक समाचार-पत्र में नौकरी शुरू कर दी थी। नाटक समाप्त होने के बाद मैं विंग में गया तो वहाँ देखा कि अप्पा के अभिनंदन के लिए नागपुर के कई बड़े लोग आए थे। यह स्वाभाविक भी था। एक सामाजिक कार्यकर्ता अपना संपूर्ण जीवन समाजसेवा में समर्पित करते हुए एक नाटक लिखता है, यह अपने आप में बहुत बड़ी बात थी। एक क्रिकेट खिलाड़ी सिनेमा में काम करता है या सिने-अभिनेता क्रिकेट खेलता है, यह हमारे देश में प्रशंसा का विषय बन जाता है। एकाध लेखक ऊपरी तौर पर सामाजिक काम करके साहित्य में महान् बनने की कोशिश करता है। इसी तरह एक सामाजिक कार्यकर्ता नाटक लिखकर समाज में प्रसिद्धि पाना चाहता है। सलीम दुर्रानी की सिनेमा में एक्टिंग, राजकपूर की बैटिंग, मेरी दहेज विरोधी आंदोलन में सहभागिता और अप्पा मार्जनी द्वारा नाटक लिखा जाना, ये सभी लोगों के लिए प्रशंसा के विषय हैं। परंतु यदि सलीम दुर्रानी को कोई महान्

अभिनेता, राजकपूर को सफल बल्लेबाज या फिर मुझे महत्त्वपूर्ण सामाजिक कार्यकर्ता मानने लग जाए तो यह समाज का दोष है, सलीम दुर्रानी, राजकपूर या मेरा नहीं।

रंग-मंदिर के बाहर आया तो पाता हूँ कि नाट्यसमीक्षक विद्वान्, लेखक और नाट्यशौकीन लोग, अप्पा मार्जनी को महान् लेखक तथा नाटककार का दर्जा दे रहे थे। आश्चर्य की बात तो यह थी कि इस भीड़ में हमारे संपादक महोदय भी थे। 'अप्पा साहब एक महान् नाटककार हैं।' संपादक कुछ दबदबा बनाने के स्वर में मुझसे बोले।

वैसे अब तक तो वे मेरे स्वभाव से परिचित हो चुके थे। अप्पाजी के विरोध में कुछ भी लिखना, घोर अपराध था। महाराष्ट्र में शिवाजी महाराज, डॉ. भीमराव अंबेडकर और अप्पा मार्जनी के खिलाफ कुछ भी लिखने का मतलब है, मार खाना। मेरे द्वारा लिखी नाट्यसमीक्षा विस्तृत रूप से दूसरे दिन के अखबार में, संपादकीय टिप्पणी के साथ छपी। नीचे मेरा नाम था।

सबकुछ अनुकूल छपा था। इसका परिणाम यह हुआ कि अप्पा साहब से मिलने के लिए फिलिपींस से एक प्रतिनिधि दल रविवार को आनेवाला था। चार अन्य पत्रकारों के साथ मुझे भी आमंत्रित किया गया था।

यूनेस्को से अप्पा साहब के आश्रम में आई आलीशान स्टेशन-बैगन हमें लेने नागपुर आई। वहाँ से हम पवनार गए। हममें से एक वरिष्ठ पत्रकार ने अप्पा साहब से हमारा परिचय करवाया। अप्पा साहब वरिष्ठ पत्रकार को संबोधित करते हुए बता रहे थे और सभी बड़े ही भक्तिभाव से बात को सुन रहे थे। अप्पा साहब के बारे में मेरा कोई पक्का मत तैयार नहीं हुआ था। इसलिए सारी बातें मैं कान लगाकर सुन रहा था। मैं सबकुछ खुली आँखों से देख रहा था। अप्पाजी वरिष्ठ पत्रकार से भले ही बोल रहे थे, पर उनका संबोधन हम लोगों की ही तरफ था। यह तो हम लोग समझ ही रहे थे।

''लक्ष्मणजी, नायग्रा में अपनी नौका के साथ कूदना, विश्व के महान् पराक्रमों में से एक माना जाता है. लेकिन कुष्ठरोगी के जख्मों पर ड्रेसिंग करनेवाले इनसान को मैं उसकी तुलना में अधिक धैर्यवान मानता हूँ।''

इस वाक्य का प्रयोग नाटक में भी हुआ था, यह मुझे याद आ रहा था। मैं अपने बगल में बैठे अनिल के कानों में कुछ बुदबुदाया, ''सच है! मैं स्वयं किसी भी ड्रेसिंग करनेवाले कंपाउंडर को धैर्यवान क्या, पराक्रमी मानने को तैयार हूँ। मैं तो किसी भी प्रकार का जख्म देखता हूँ, तो शरीर के रोंगटे खड़े हो जाते हैं और पेट में गोला उभर आता है।''

अनिल मेरी बातें सुन रहा था, पर उसकी नजर अप्पा पर थी और वह अप्पाजी को गंभीरता से सुन रहा है, ऐसा दिखा रहा था। चाय आई। साथ में क्रीम बिस्किट भी आए। अप्पा साहब के लिए कप में दूध आया। कप में एक चम्मच भी था। एक नौकर चम्मच को हिला रहा था।

''इसकी बजाय स्वस्थ हुए गरीब महारोगी को इस काम के लिए रखा जाना चाहिए था।'' मैं अनिल के कानों में बुदबुदाया।

''फिर तो लोगों ने चाय पीने से इनकार कर दिया होता।'' अनिल ने धीरे से मेरे कान में कहा।

''फिर तो लोगों ने चाय ली ही नहीं होती।''

''सच बोल रहे हो यार! बाहरी समाज में अज्ञान बहुत है।'' मैंने स्वीकार किया।

फिलिपींस के प्रतिनिधियों को अप्पा साहब स्वयं आश्रम दिखा रहे थे। दो बड़े पत्रकार भी उस दल में सहभागी हो गए थे। मैं और अनिल पिछड़ गए थे।

''अनिल क्या तुम जानते हो कि कुरूपता लानेवाला यह कुष्ठरोग संसर्गजन्य नहीं होता है?''

''तुम कैसे जानते हो?''

''मैं इसी वर्धा जिले का ही हूँ और हमारे जिले में महारोगियों की संख्या अधिक है, इसलिए कुष्ठरोग निवारण का कार्य भी हमारे जिले में अधिक हो रहा है। इससे संबंधित जानकारी हमारे जिले में अधिकांश लोगों को है।''

''अच्छा, फिर?''

"जिसकी उँगलियाँ गल गई हों, ऐसे व्यक्ति से यदि तुम शेक हैंड करो तो लोग तुमसे डरकर भाग जाएँगे, अप्पा साहब को तुम्हारे धैर्य का अभिमान महसूस होगा। एक नॉर्मल आदमी से शेकहैंड करने में जैसे कुछ खास नहीं होता, ठीक इसी तरह उँगलियाँ गले हुए महारोगी से शेकहैंड करने से कुछ नहीं होता, क्योंकि उनसे संसर्ग का डर बिल्कुल नहीं होता।"

"तुम इस आश्रम में पहले कभी आए थे?" अनिल मेरी तरफ आश्चर्य और आदर से देख रहा था।

"एक बार आया था, पर इससे कुछ फर्क नहीं पड़ता। मैं इस क्षेत्र के मूर्धन्य लोगों के बीच रहा हूँ। इसलिए मुझे अधिक जानकारी मिली।"

"उन जख्मों के बारे में तुम क्या कह रहे थे?"

"अरे भाई! उन उँगलियों की संवेदना नष्ट हो जाती है। वे गल जाती हैं। उनमें किसी प्रकार के स्पर्श का अहसास नहीं होता। सुई का चुभोना भी प्रभावित नहीं करता। जो जख्म होते हैं, उनमें जलन नहीं होती। फिर क्या, ये जख्म गीले हो जाते हैं और फिर पट्टियाँ लगती…"

"मतलब?" अनिल ने सहमते हुए आश्चर्य से पूछा, "तो ये जख्म महारोग के नहीं होते हैं क्या?"

"नहीं यार! वे घाव महारोग के नहीं होते।"

"कुछ देर पहले जो तुम कह रहे थे, उसका अर्थ अब मेरी समझ में आ रहा है। महारोगियों के जख्मों को धोना, अन्य जख्मों को धोने जैसा ही होता है।"

"करेक्ट।"

"मतलब साधारण जख्मों को धोनेवाला जैसे धैर्यवान अथवा साहसी नहीं होता, ठीक इसी तरह महारोगियों के जख्मों को धोनेवाला भी धैर्यवान अथवा साहसी नहीं होना चाहिए।"

"बिल्कुल ठीक कह रहे हो। पर इतनी बारीकी से, तुम विचार मत करो, क्योंकि मुझे जन-जागृति और शिक्षा से ये जानकारियाँ मिली हैं। इस संदर्भ में लोक-शिक्षा और जन-जागृति की आवश्यकता है, इसीलिए महारोगियों

के जख्मों को धोनेवाला, लोगों को साहसी लगता है।''

अनिल की आँखों में एक चमक सी आ गई थी।

''साला! यह अप्पा फ्रॉड है क्या?'' वह पत्रकार के लहजे से प्रसन्न होते पूछ रहा था।

अनिल का यह रूप जनसाधारण हित की दृष्टि से मुझे खतरनाक लगा।

''नहीं।'' मैंने उत्तर दिया, ''किसी भी रोगी की सेवा करना मानवी जीवन में अत्यंत पवित्र बात है। जो व्यक्ति परिचर्या करता है, उसे मैं फ्रॉड कभी नहीं मानूँगा।''

अनिल कुछ सशंकित नजरों से मुझे देखने लगा। मैंने स्पष्ट किया, महारोगियों की सेवा करनेवाला अपने आपको यदि बहुत ग्रेट और कुछ अफलातून मानता है या इस तरह का भाव लाने की कोशिश करता है, तो वह मात्र एक दंभ है। लेकिन एक बात ध्यान में रखो कि तुम किसी से कुछ कहोगे नहीं।''

''क्यों नहीं कहूँ?'' कुछ वाद-विवाद के स्वर में अनिल बोला।

''इस रोग के बारे में पहले से ही कई गलतफहमियाँ हैं। फिर इन कुरूप लोगों को, सुंदरता बहाल करने का काम तो कोई करता नहीं। करोड़ों लोगों में अप्पा जैसा कोई व्यक्ति आगे बढ़कर यह काम कर रहा है, इसलिए उनकी यह छवि क्षम्य है।''

''देखो बंड्या, तुम अपनी टोपी देखते ही देखते घुमा रहे हो।'' अनिल शिकायत के लहजे में बोला, ''जादूगर जैसे करामात करता है और हवा में से कोई फल निकालकर दिखाता है तथा लोगों को चकित कर देता है। उसी प्रकार कुष्ठरोग का मतलब कोई जादुई करामात जैसा प्रतीत हो रहा है, ऐसा अर्थ मैंने तुम्हारी बात से निकाला है। जादूगर के पास कोई जादू नहीं होती है। सिर्फ हाथ की सफाई का खेल होता है, और सुनो, जादूगर तो इस बात को स्वीकार कर लेता है, किंतु गेरुआ वस्त्र धारण करनेवाला साधु इस सच्चाई को स्वीकार नहीं करता। वह इस हाथ की सफाई को सिद्धि बताता है। कुष्ठरोग के क्षेत्र में तीन प्रकार के लोगों का समावेश हो सकता है। एक

तो फ्रिज से फल निकालकर दिखानेवाले, दूसरे वे, जो जादू से लोगों को चकित करते हैं और फल निकालकर दिखाते हैं पर तुरंत हाथ की सफाई की बात को स्वीकार करते हैं, और तीसरे वे लोग हैं, जो हाथ की बाँह की कफनी से फल निकालकर लोगों को सिद्धि बताकर प्रसाद बाँटने लगते हैं। लोग साधु की बातों में आ जाते हैं। उसे 'बाबा' बना देते हैं, उसके चरण छूने लगते हैं। मगर वे जादूगर से दूर रहते हैं और एक साधारण इनसान के दिए फल को खाते हैं, किंतु इस साधारण मनुष्य ने, जिसने फल दिया, उसके बदले में कृतज्ञता का भाव भी व्यक्त नहीं करते।'' अनिल बोले जा रहा था और मैं मन-ही-मन मंद-मंद मुसकरा रहा था। अप्पा की अपेक्षा उस पर मेरा प्रभाव अधिक हावी था।

''तुम्हारी क्या राय है?'' अनिल ने मुझसे पूछा। ''महारोग का ही क्षेत्र क्यों? संसार के हर क्षेत्र में तीन प्रकार के व्यक्तित्व होते हैं, ऐसा शरतबाबू का मत है।'' मैं समझा रहा था, ''टॉर्च के सामने व्यक्ति कैसे व्यवहार करता है? कुछ लोग टॉर्च की रोशनी सीधे दूसरों के मुँह पर मारते हैं, इससे सामनेवाले लोग प्रभावित हो जाते हैं, चौंधिया जाते हैं। उन्हें लगता है कि क्या तेजस्वी प्रकाश है! उन्हें यह बात समझ में नहीं आती कि यह तो केवल एक टॉर्च है। दूसरे प्रकार के व्यक्ति वे होते हैं, जो टॉर्च की रोशनी खुद के चेहरे पर मारते हैं और अपने आप को प्रकाशित करते हैं। तीसरे व्यक्तित्व वे हैं, जो न तो दूसरे के मुँह पर, प्रकाश मारते हैं और न स्वयं के मुँह पर, बल्कि वे सामने रास्ते पर प्रकाश मारते हैं और दूसरों को मार्ग दिखाते हैं, साथ ही स्वयं का भी मार्ग स्पष्ट कर लेते हैं।''

''अप्पा कौन है?'' अनिल ने सीधे प्रहार किया।

''इसका निर्णय तुम स्वयं करो। तुम एक पत्रकार हो?'' मैंने उत्तर दिया।

''ठीक है। लेकिन कुछ देर पहले जो तुम कह रहे थे, असंसर्गजन्य, तो संसर्गित रोग के लक्षण क्या हैं?

''आँखों की भौंहों को देखो। वहाँ के बाल झड़ने लगते हैं, किंतु लक्षण

बहुत देर से दिखाई देते हैं। बहुत अधिक पसीना छूटता है।''

''क्या यह प्रकट लक्षण है?''

''हाँ, प्रथम दर्शनी लक्षण। यह लोगों के ध्यान में नहीं आता। ऐसे रोगियों को कई बार स्वयं को भी जानकारी नहीं होती। ऐसे रोगी आश्रम, दवाखाना या यतीमखाने में दिखाई नहीं देते बल्कि वे समाज में ही मिश्रित होते हैं, एक-दूसरे से गले मिलते हैं। अज्ञानता के कारण कई लोग उनके संपर्क में आते हैं। महारोगियों के जख्मों को धोना और सांसर्गिक के संपर्क में रहना, दोनों प्रकार में··· कौन धैर्यवान, कौन साहसी, कौन अज्ञानी और कौन मित्र? इसमें भेद कैसे करेंगे, बोलो? सर्वत्र अज्ञान फैला है तथा कुछ लोग इसे दूर करने के बहाने और फैला रहे हैं।''

अनिल पूरी तरह से हड़बड़ा गया था। उसने इस समय यदि कोई पहला काम किया, तो वह यह कि आँख बचाकर मेरी भौहों को निहार लिया। एक बार नहीं, दो-तीन बार।

सामने लोग खड़े थे। ये लोग प्रतिनिधि दल के सदस्य थे। हम लोग भी अब उनके साथ हो लिये।

''हमारे आश्रम में सिर्फ कुष्ठ रोगी ही हैं, ऐसा नहीं है।'' अप्पा साहब बता रहे थे। ''कई बार यह समाज लोगों पर जुल्म भी ढाता है। कई लोगों को समाज से बहिष्कृत कर दिया जाता है। लोगों को उपेक्षा का शिकार बनना पड़ता है। ऐसे दुःखी और पीड़ितों के लिए भी यह आश्रम है। हमारा इस संसार में कोई नहीं है, ऐसा किसी को लगना कितना बड़ा अपराध है! भरी दोपहरी में, खुलेआम सड़क पर किसी संत का निर्मम खून करनेवाला भी इतना पातकी नहीं होता, जितना पातकी इन रोगियों का बहिष्कार करनेवाला अथवा उपेक्षा करनेवाला होता है। उनको ऐसा लगता है कि इस संसार में अपना कोई नहीं है। उन्हें भरोसा मिलना चाहिए कि हमारा भी कोई है। यह 'सुखनिधान' आश्रम उन्हीं लोगों के लिए है। यह अप्पा, उनकी बच्चों की तरह सेवा करेगा।''

हम लोग एक छोटे से मैदान में मेंहदी के पौधों के पास खड़े थे। अप्पा ने दूर तक नजर दौड़ाई, देखा पाँच-सात बच्चे एक कतार में आ रहे थे।

''उन बच्चों को देखिए। उनका कोई अपराध नहीं है, फिर भी भगवान् ने उन्हें अंधा बना दिया है। यह सामने जो पगडंडी दिखाई दे रही है न, वह इन अंधों का रास्ता है।'' अप्पा साहब ने उस पगडंडी पर नजर दौड़ाई और बड़ी तत्परता से कुछ आगे बढ़े, बीच रास्ते में नहीं, बल्कि किनारे गिरी एक चमकदार आलपिन को उठाकर ले आए और अपने सेक्रेटरी को सौंप दिया।

''आश्रम देखने आनेवालों में से किसी सज्जन ने अनजाने में इसे यहाँ फेंक दिया होगा या फिर गिर गई होगी। बहुत आगंतुक आते हैं। उन्हें भला क्या जानकारी कि यह रास्ता अंधों का है।''

मैं मन-ही-मन परेशान हो रहा था। अप्पा साहब के नाटकीय संवाद खत्म हो गए थे। वे बड़े प्रण से बोल रहे थे। इस बारे में मेरे मन में तिलमात्र भी शंका नहीं थी। एक दूसरे के कंधों को पकड़े अंधों की गाड़ी हमारे करीब पहुँची। इनमें से किसी के भी पैर में वह आलपिन चुभ सकती थी। एक जीव व्याकुल होकर पल भर के लिए तड़प गया होता। अप्पाजी के कंधों पर ही इन आश्रमवासियों का जीवन टिका है। किसी की गलती की सजा किसी और को मिलती तथा अप्पा साहब द्रवित हो उठते या चिढ़कर शाप भी दे देते, यह भी संभव होता कि वे स्वयं को क्षमा न कर पाते।

कल्पना मात्र से ही मैं दहल गया था। फिर प्रत्यक्षतः अप्पा साहब इन लोगों के आश्रयदाता थे और उनके कलेजे में वेदनाओं की असंख्य सुइयाँ भाले की तरह चुभी होंगी, इसमें कोई आश्चर्य की बात नहीं थी, कोई दो राय नहीं थी।

मैं अप्पा साहब की ओर देख रहा था। कुछ ही क्षणों में अप्पाजी के चेहरे के भाव बदल गए थे। वे तत्परता से चलते हुए उस रास्ते में खड़े हो गए। सामने का अंधा लड़का उनसे टकराया। उसने स्पर्श से सामने की बाधा को पहचानने की कोशिश की।

अप्पा साहब के सेक्रेटरी ने मनोभाव से पूछा, ''राघव, कौन खड़ा है सामने?''

''अप्पाऽऽ!'' बड़े नम्र स्वर में राघव ने जवाब दिया। देखनेवाले लोग द्रवित हो उठे।

अप्पा साहब के चेहरे पर गर्व का सार्थक अनुभव साफ-साफ पढ़ा जा सकता था। आश्रम-दर्शन कराने का कार्यक्रम सार्थक हो गया था। अब यदि अप्पा साहब लौट गए होते और शेष दर्शन सेक्रेटरी ने कराए होते तो भी काम चल सकता था, ऐसा उनके चेहरे को देखने के बाद मुझे लगा। इस स्थिति से बहुत दुःख हुआ। मैं बेचैन हो उठा। अप्पा साहब स्वयं एक बड़ी आलपिन बनकर राघव को चुभ गए। ऐसी भावना मेरे मन में घर कर गई।

मन में प्रश्न उठा कि कुछ देर पहले सुइयों की चुभन के कारण अप्पाजी के हृदय में उपजा हुआ करुणा का वह भाव क्या वास्तविक था या फिर कठोर लौह चुंबक से चिपकी हुई आलपिनों का नक्काशीदार झालर मात्र था!

□

1950

वासुदेव गजानन मार्जनी अंग्रेजी शासन के अंतिम दिनों में एक आई.सी.एस. अधिकारी था और उसकी शादी एक उद्योगपति की कन्या के साथ हुई थी। सत्ताईस वर्ष का यह युवक, जिसकी छह महीने की एक बेटी है, स्वतंत्रता-प्राप्ति के बाद का यह अधिकारी डी.सी. अर्थात् कलेक्टर के पद पर कार्यरत, फर्राटेदार अंग्रेजी बोलनेवाला, आकर्षक व्यक्तित्व का धनी था। उसकी पत्नी बचपन से ही बड़े सुखी-संपन्न-ऐश्वर्यपूर्ण जीवन में पली-बढ़ी थी। घर में काम करने के लिए अनेक नौकर-चाकर हुआ करते थे और विवाह के बाद भी कायम थे। उस दिन-शाम को पार्टी में उन दोनों को अहसास हुआ कि—

डब्ल्यू.जी. मार्जनी, आई.सी.एस. जैसे स्मार्ट कलेक्टर को कुष्ठरोग हो गया है।

परसों ही एक बड़ी सुखद खबर मिली, उसका जलसा भी धूमधाम से मनाया गया कि उसके उद्योगपति ससुर मिनिस्टर बन गए। श्रीमती चित्रा मार्जनी को बाईस साल की उम्र में इस तरह की दु:खद घटनाओं ने कभी स्पर्श नहीं किया और आज यह कुष्ठरोग की खबर!

कल की पार्टी में शरीक हुए सिविल सर्जन डॉ. सरंजाम ने कलेक्टर मार्जनी को आज सवेरे बड़े आग्रहपूर्वक सिविल अस्पताल में बुलाया था। कलेक्टर मार्जनी की भौंहें और शरीर से छूटते लगातार पसीने के कारण डॉक्टर को कुछ शक हुआ था। उन्होंने बड़ी सतर्कता से निरीक्षण किया और सावधानी से इधर-उधर देखा, तो कान के पिछले हिस्से में अस्पष्ट चट्टेदार दाग दिखाई पड़ा।

अभी-अभी शाम को उसने दुःखद समाचार दिया। डॉक्टर ने स्पष्ट रूप से बताया कि कलेक्टर साहब आपको संसर्गजन्य कुष्ठरोग हो गया है, लेकिन घबराने की कोई बात नहीं है। दो साल में आप पूरी तरह स्वस्थ हो जाएँगे। समाचार सुनते ही मानो आकाश जमीन पर गिर गया और जिंदगी बोझ बन गई हो!

वासुदेव गजानन मार्जनी को अर्थात् स्वयं को कुष्ठरोग हो गया है, इस बात का इतना दुःख नहीं हुआ, जितना कि पत्नी चित्रा और बेटी माधवी के भावी जीवन के बारे में सोचकर हुआ। उसके मन को एक बड़ा धक्का लगा। सुखी-संपन्न परिवार के तबाह होने की कल्पना मात्र से ही वह पूरी तरह टूट गया। बड़ी गरीबी और जीवन की टेढ़ी-मेढ़ी ऊबड़-खाबड़ पगडंडियों पर चलते हुए उसने सुख के ये दिन पाए थे। मार्जनी के लिए यह झटका अनपेक्षित था। लेकिन जीवन को पराभव की गर्त में ढकेलनेवाला निश्चित नहीं था। अपना जीवन ऐसे ही कष्टमय रहेगा, इस विचार से उसने अपने आप को तुरंत सँभाल लिया और स्वयं को संतुलित किया। चित्रा के संयोग से मुझे यह सुखमय जीवन मिला। अब उसे सुख की बजाय दुःख के दिनों का सामना करना पड़ेगा। मेरे कष्टप्रद जीवन से उसके जीवन पर अँधेरी काली छाया का योग बन गया, इस विचार ने मार्जनी की आँखों को नम कर दिया। आँसू टपकने लगे। अपनी पत्नी और नन्ही कन्या के प्रति उसे अपार प्रेम था। मेरी बजाय यह रोग यदि चित्रा को हो गया होता तो नौकरी की चिंता किए बगैर जन्मभर उसकी सेवा करता और उसे अधिक-से-अधिक सुखी रखने का प्रयत्न करता। ये विचार उसके मन में कौंध रहे थे। पत्नी और बेटी के सामने सारे सुख फीके लग रहे थे। उनके आगे पैसा, ऐश्वर्य, ससुराल का राजयोग, सबकुछ उसे फीका लग रहा था। उनपर पूरा जीवन मैं लुटा सकता हूँ, पर बात तो विपरीत हो गई। रोग मुझे हो गया है। बच्ची के संग पत्नी को मैके भेज दूँ और तलाक ले लूँ! हाँ! बिल्कुल यही करना चाहिए। मुझे तलाक ले लेना चाहिए। मेरा अब कुछ भरोसा नहीं और उसे सुख के अलावा कोई अन्य जीवन पता नहीं। मार्जनी सोच रहा था। शुरू हुई जिंदगी का सिलसिला रुकता हुआ नजर आने लगा। आगे का जीवन घुटन भरी जिंदगी का एक हिस्सा बनने जा रहा था। अब उस अँधेरी

दुनिया में प्रवेश करना था, जहाँ से लौटना लगभग नामुमकिन लग रहा था।

चित्रा का पुनर्विवाह हो सकता है। साथ ही बिटिया माधवी के लिए एक अच्छा जीवन उसके नानाजी किसी भी तरह से दे सकते हैं। लेकिन समस्या यह है कि चित्रा के सामने इन सारी बातों का स्पष्टीकरण मैं कैसे करूँ?

□

पतिदेव जब से घर आए हैं, सबकुछ विपरीत ही घटित हो रहा है, यह सब चित्रा की समझ में आ रहा था। कलेक्टर होने के नाते पूरे जिले का तनाव तो उनपर रहता ही है और अभी हाल ही में देश स्वतंत्र हुआ था, इसलिए व्यवस्था को लेकर भी तमाम समस्याएँ होंगी। ऐसा सोचते हुए वह हमेशा की तरह स्वाभाविक बरताव कर रही थी। इतना ही नहीं, बल्कि अपने बरताव में वह कुछ अधिक ही सतर्कता बरत रही थी। पति का बरताव कुछ विचित्र था। आने पर उन्होंने माधवी से जरा भी प्यार नहीं किया। चित्रा द्वारा बच्ची को अपनी गोदी में लेकर आने पर भी बच्ची के प्रति जरा सा भी दिखावे का या प्यार का अहसास तक नहीं जताया। बेडरूम में आने पर चित्रा उनका कोट उतारने में मदद करने लगी तो वे दूर हट गए।

बच्ची सँभालनेवाली दाई के साथ बच्ची पालने में सो गई। खाना खाने के लिए बुलाने चित्रा बेडरूम में गई। वे खाने पर आए। खाना समाप्त होने तक वे इस विषय पर कुछ भी नहीं बोले। तत्पश्चात् वे सीधे बेडरूम में गए। काम खत्म करके नौकर-चाकर भी सोने की तैयारी में लग गए।

चित्रा से अब रहा नहीं जा रहा था। पति के पास बैठकर उनके सीने पर हाथ सहलाते हुए वह बोली, "क्या हुआ है? आखिर कुछ तो बोलो। अब तनाव बरदाश्त नहीं हो रहा है। क्या आपको मेरा स्पर्श अच्छा नहीं लग रहा है? मेरा छोड़ो! माधवी का भी? क्या तकलीफ है आपको?"

चित्रा के बोलने में थोड़ा चिड़चिड़ापन भी था। अपने कोमल स्वभाव और पति की हिम्मत पर उसे पूरा विश्वास था। वास्तव में कोई अन्य स्त्री होती तो उसे ऐसा आभास हो जाता कि पति को मुझ पर कुछ शक हो गया है। वासुदेव कुछ नहीं बोला। इससे चित्रा और भी परेशान हो रही थी।

"चित्रा! क्या तुम्हें मुझसे प्रेम है?"

"अरे! यह कोई सवाल है? बहुत प्यार करती हूँ मैं आपसे! इतना कि मैं बयाँ नहीं कर सकती।"

"फिर तुम मुझे एक वचन दो।"

"वह किसलिए?"

"पहले वचन दो।"

"सॉरी! अनजाने में कोई वचन नहीं दूँगी।"

"चित्रा! मेरे साथ तुम सुखी नहीं रह सकती, ऐसा मुझे यूँ ही लगने लगा है।"

"अच्छा! तो आगे?"

"मुझे ऐसा लगता है कि तुम मुझसे तलाक लेकर किसी सुखी, अमीर, बुद्धिमान व्यक्ति से विवाह कर लो।" चित्रा एकदम चिढ़ सी गई। स्वयं इतना हिम्मती व साहसी पति होने के बावजूद वे इस तरह हताश हो जाएँगे, ऐसा उसने कभी सोचा नहीं था। दूसरे ही क्षण उसे मन में विचार आया कि कहीं इनके हाथों कुछ गलत तो नहीं हो गया है? कहीं कुछ अनर्थ तो नहीं घटित हुआ है?

"मुझसे पहेली मत बुझाइए।" चित्रा बोली, "स्पष्ट रूप से साफ-साफ कहिए।"

"कुछ भी सुनने को तैयार हो?"

"नहीं! अब तक मैंने अपनों के लिए कुछ भी ऐसा भयंकर, नहीं सुना है। पति और बेटी के बारे में ऐसा कुछ भी भयंकर मैं नहीं सुन सकती, लेकिन यह तनाव भी मुझसे बरदाश्त नहीं हो रहा है। मैं पूछ रही हूँ कि···"

"पूछो! बिल्कुल पूछो।"

"आपके हाथों सरकारी कामकाज में कुछ घपला हुआ है क्या?"

"नहीं!"

"हम मरेंगे···हाँ···हम लोग मर जाएँगे, ऐसा आपको लग रहा है क्या?"

"नहीं! ऐसा कुछ भी नहीं है, फिर भी···?"

"फिर भी क्या···"

"सुनने की हिम्मत है?"

"हाँ! बोलो अब!" चित्रा चीखती हुई बोली।

"मुझे कुष्ठरोग हो गया है।"

उसने अपने मुँह पर हाथ रख लिया और विस्फारित नजरों से पति को देखने लगी। 'क्या यह मजाक है या फिर नियति का क्रूर सत्य?'

"चित्रा, उठो यहाँ से!…मैंने तुम्हें और माधवी को क्यों स्पर्श नहीं किया, यह तुम जान गई न! तुम मुझसे तलाक ले लो, इसका कारण भी मैंने तुम्हें बता दिया…मैं अब अधिक दिनों तक कलेक्टर बनकर नहीं रह सकता। गाँव के बाहर आश्रम में जाकर मुझे रहना होगा या फिर किसी विकसित देश में, जहाँ इसका इलाज हो रहा हो, वहाँ उस अस्पताल में जाकर मुझे रहना होगा। चित्रा! मेरे प्रति तुम्हारे मन में घृणा पैदा होना, नफरत होना, यह सब स्वाभाविक है। इसलिए बच्ची को लेकर तुम अपने पिता के घर चली जाओ और मुझे पूर्णतः मुक्ति दे दो।"

चित्रा अब भी अपने पति को उसी तरह देख रही थी। उसके मन को जो आघात लगा था, उससे वह अब भी सँभली नहीं थी। वह घबराकर न तो पति से दूर गई और न ही सहानुभूति के तहत दया भाव से उन्हें गले लगाया। वह शून्य में डूब गई।

धीरे-धीरे उसने स्वयं को सँभाला। बड़ी बोझिलता से उठी। डबल बेड के उस पलंग पर एक ओर लुढ़क गई। हाथों को माथे पर रखकर वह कुछ सोच रही थी। दरवाजा खुला था, बिजलियाँ जल रही थीं, बंगाली कट कुरता-पैजामा पहने लेटा हुआ वासुदेव भी चित्रा की ही ओर देख रहा था। अब उसे और कुछ भी बोलने की हिम्मत नहीं हो रही थी। गहरी सोच के अंधकार में भटक रहा था।

वह उसकी ओर एकटक देख रहा था।

चित्रा की नजर छत से हट नहीं रही थी। नियति के इस खेल पर उसे विश्वास नहीं हो रहा था।

चित्रा के जीवन का यह एक वक्राकार मोड़ था। वह बहुत समझदार लड़की

थी। धक्के से सँभलकर वह अंतर्मुखी हो गई। उदार पति ने अपना निर्णय उसके पक्ष में दिया था। बाईस साल की नाजुक सी उम्र में चित्रा को एक अत्यंत महत्त्वपूर्ण मगर चुनौती भरा निर्णय लेना था। चक्रव्यूह में फँसी वह छटपटा रही थी, मगर शांत थी।

किसी की भी नजर लग सकती थी, ऐसा जीवन उसने व्यतीत किया था। उसके सुंदर, सुखद सपनों की कोई सीमा नहीं थी। कोमल जीवन के अप्रतिम क्षणों को जीने के दौरान अकस्मात् ही एक बेईमान पल ने, सँकरी गली में अकेली पाकर उस पर डबल बैरेल की बंदूक तान दी थी और उसे तुरंत निर्णय लेना था। स्वयं के लिए पति का त्याग करना या फिर पति के लिए स्वयं का! उसने महसूस किया, धरती भी उसकी छाती की तरह दरककर फट पड़ी है और इन फटती दरारों से वह सब रिस रहा है, जो सभ्यता अपने वासियों को सौंपती है। वह सहमी कि जब ये दरारें पूरी तरह फट पड़ेंगी और उम्मीदों की मीनारें ध्वस्त होकर दफन हो जाएँगी इन दरारों में, तो वह जीवन कैसा होगा?

चित्रा के चेहरे पर सागर जैसी गहराई और शांति की रेखाओं को देखकर वासुदेव को आनंद हो रहा था। मेरे कारण एक कोमल, निष्पाप जीवन नष्ट होने जा रहा था। लेकिन ऐसा अब नहीं होगा। वह पुनर्विवाह करेगी, ऐसी धारणा उसके मन में हिचकोले ले रही थी। मेरे मन-मंदिर में बसी चित्रा, जीवन भर मेरा साथ देगी, इसका मुझे पूरा यकीन है। इसी विचार से वह हाड़-मांस की भौतिक चित्रा को अपने से दूर हटाना चाह रहा था। शायद इसलिए कि वह बेसहारा तो नहीं होगी। शादी के बाद से ही उसने अपने पिता से कुछ नहीं लिया था, परंतु अब आश्रय तो ले सकती है। उसके पिता जरूरतमंदों के आश्रयदाता हैं और अब मिनिस्टर भी। अपनी ही लड़की उन्हें बोझ नहीं लगेगी और वह भी संकट के क्षण में!

यह आधा घंटा वासुदेव के लिए बड़ा ही कष्टप्रद रहा, मानसिक रूप से अस्वस्थ करनेवाला।

उसके बाद चित्रा ने छत से नजर हटाई। फिर वासुदेव की तरफ मुड़ी। वासुदेव की आँखें किसी शव की आँखों की तरह लग रही थीं। चित्रा कुछ

व्यंग्यात्मक हँसी, फिर वासुदेव भी हँसा।

चित्रा बोली, "क्या सचमुच मैं तुम्हारे लायक नहीं रही?"

"मतलब?"

"मुझे तलाक और पुनर्विवाह की सलाह देते हुए तुम्हें शर्म नहीं आई?"

"अरे, लेकिन…।"

"मैं सोच रही थी कि आपने यदि मुझे तलाक दिया तो क्यूँ न मैं कुष्ठ रोगियों के किसी आश्रम में जाकर सेवा करूँ।"

"तुम्हारे पिताजी का…"

"मेरे पिताजी गए भाड़ में। उनका हमारे व्यक्तिगत जीवन में संबंध ही क्या है? उनको यदि बहुत लगता है तो वे अपनी नातिन को ले जा सकते हैं। उनको इसका अधिकार है।"

"अरे, चित्रा! लेकिन…"

"क्या आप मुझे अपनी सेवा नहीं करने देंगे?"

चित्रा कुछ समझाने के मूड में हँसते हुए बोल रही थी।

आश्चर्यचकित वासुदेव उसकी ओर देखने लगा और बोला, "कुष्ठरोग है, इसीलिए!…अन्यथा तुम्हारे आगोश में समा जाऊँ और…"

वासुदेव की आँखें नम हो गईं। अब वह अश्रु की धारा को रोक पाने में असमर्थ था।

चित्रा उठकर बैठ गई और वासुदेव के कुछ करीब आ गई। बिजली जल रही थी। दरवाजा खुला था। चित्रा की गोद में सिर रखकर वासुदेव सिसकियाँ लेते हुए अपने आपको हलका महसूस कर रहा था। उसे जरा भी संकोच नहीं हो रहा था। सीलन और अँधेरे के बीच गोते लगा रहे उस जीवन को आशा भरी एक छोटी सी किरण का सहारा मिल गया था। बेजुबान सन्नाटा बोलने लगा था। जैसे उम्मीद की बंद हुई कोई खिड़की खुल रही थी।

चित्रा को भी गलत स्पर्श का आभास नहीं हो रहा था। वह वासुदेव के बालों को सहलाते हुए उसे सांत्वना प्रदान कर रही थी। एक असीम शीतलता प्रदान कर रही थी।

□

1954

अब वह समय आ गया था, जब कुष्ठरोग आश्रम को अंतिम रूप दिया जाए। इस औचित्य को देखते हुए अप्पा साहब अपनी पत्नी के संग ससुरजी से मिलने गए। पिछले चार सालों में अप्पा साहब की अपने ससुरालवालों से मुलाकात बहुत ही कम बार और कम समय के लिए हुई थी। यहाँ तक कि बेटी माधवी की मुलाकात भी उन्होंने टाल दी थी। यह गिरी हुई इनसानियत का नमूना नहीं था, पर जीवन पूरी तरह आस्थाहीन हो चुका था। यह सत्य उनकी आत्मा में जड़ जमा चुका था कि अब उनके पिछले जीवन का कोई भविष्य नहीं है। अतः नए सवेरे के साथ, नए सिरे से पहल जरूरी थी। एक नई जिंदगी का सफर शुरू होना था।

अप्पा साहब और चित्रा दोनों एक साथ, पहली बार जा रहे थे। दोनों ने मिलकर चित्रा के माता-पिता के पैर छुए। चित्रा पल्लू ओढ़े तुरंत दूर जाकर खड़ी हो गई। उसका सिर झुका हुआ था। वैसे चित्रा ने नमस्कार, कुछ दूर से ही किया था। अप्पा साहब के दिमाग में गुस्सा तो भर गया था, पर उन्होंने स्वयं को सँभाला।

"बैठिए।" सासू माँ ने कहा।

कुष्ठरोग होने के बाद अप्पा पहली बार ससुराल गए थे। जिस कुरसी पर बैठने के लिए कहा गया था, वह लकड़ी की कुरसी थी। सासू माँ स्वयं सोफे पर बैठीं। ससुरजी पहले से ही बैठे थे। उनके मंत्री रूपी चेहरे का निर्विकार भाव अभी तक खत्म नहीं हुआ था। अप्पा फटी आँखों से सूक्ष्म भावों को पढ़ रहे थे।

चित्रा एक खँभे से सटकर खड़ी थी। एक नौकर आया, उसने दोनों सूटकेस उठाए और बाहर की ओर जाने लगा। अप्पा सबकुछ शांति से देख रहे थे।

"गेस्ट हाउस खाली कर दिया गया है। वहाँ आप दोनों बड़े आराम से रह सकते हैं।" सासू माँ ने कहा।

चित्रा घायल शेरनी की तरह अप्पा को घूरने लगी। अप्पा उत्तेजित मगर गंभीर नजरों से चित्रा को देख रहे थे।

चित्रा अपनी माँ की ओर मुड़ी और बड़े ही उत्तेजित स्वर में पूछी, "माधवी कहाँ है?"

"माधवी कॉन्वेंट की ट्रिप के साथ नैनीताल गई है।"

"कब आएगी?"

"परसों।"

"ठीक है। तब तक हम लोग ठहरते हैं। इसके बाद माधवी अब हमारे साथ रहेगी। उसे हम लेने आए हैं।"

"बेटी चित्रा।" चित्रा के पिताजी बोले, "इस विषय पर हम लोग बाद में चर्चा करेंगे। पहले तुम लोग जाकर फ्रेश हो जाओ, जाओ!"

"नहीं, इसके पहले तुम लोगों ने माधवी को कभी मेरे पास नहीं आने दिया।"

"तुमने अपनी मूर्खता से अपना नुकसान किया है।" उसकी माँ आवाज ऊँची करते हुए बोली, "इसका परिणाम मेरी नातिन को क्यों भुगतना पड़े? आप दोनों को जो भी झमेला करना है, कीजिए…"

अप्पा तिलमिलाते हुए बाहर जाने के लिए ज्यों ही मुड़े, चित्रा के पिताजी ने कहा, "अप्पा साहब! एक मिनट! आपके आश्रम के लिए आवश्यक कागजात तैयार हैं। इसके अलावा कुछ प्रतिष्ठानों की ओर से अनुदान की भी व्यवस्था की गई है। आपका रोग जाहिर हो गया है, इसलिए भलाई इसी में है कि आप न जाएँ। चित्रा यदि जाती है तो ठीक है…"

□

नागपुर स्टेशन पर अप्पा साहब अपनी धुन में चले जा रहे थे। अगल-

बगल की ओर बैठे कुछ महारोगी 'रहैम-रहैम' इस तरह की देवघोषणा जैसी आवाज मदद के लिए लगा रहे थे। दूसरों के सामने जिस तरह दया माँगी जाती है, उसी तरह दोनों हाथ मदद के लिए वे लोग उठा रहे थे।

तेजी से वे एक महारोगी की ओर बढ़े। उसके बालों में स्नेह भरे हाथों से सहलाते हुए बड़े प्रेम से उसकी ओर देखने लगे।

सभी महारोगी चकित हो गए।

उनकी नजरों में एक विलक्षण भक्तिभाव उमड़ पड़ा। वे बड़ी आशा से एक साथ जमा हो गए।

सूट-बूटधारी एक व्यक्ति महारोगियों को स्नेह की छाया दे रहा है, यह देखकर आस-पास के लोग भी जमा होने लगे।

अप्पा ने अपना कोट उतारा, बगल में रख दिया और नीचे जमीन पर बैठ गए।

तमाशबीनों की भीड़ बढ़ने लगी, जैसे किसी मदारी का खेल देखने के लिए दर्शकों की भीड़ जमा हो गई हो!

दूसरे दिन भी भीड़ नहीं हट रही थी। नागपुर के लोग अकसर निठल्लों की तरह कहीं भी भीड़ जमा करके खड़े हो जाते हैं, ऐसा किसी को भी आभास हो सकता था। परंतु दवाइयों और ड्रेसिंग का सामान लेकर एक सुंदर युवक अत्यंत ममत्त्व भाव से तथा बिना किसी संकोच के महारोगियों को स्पर्श कर रहा था, उनकी सेवा कर रहा था, उनके जख्मों को धो रहा था!

महारोगियों के दिलों में उस युवक ने बड़े ही स्नेह का भाव पैदा कर दिया था। जनमानस में उसके प्रति अतीव आदरभाव पैदा हो रहा था।

उस युवक के इस साहस को लोग आत्मघातक मान रहे थे और यह आदरभाव भी इसीलिए पैदा हुआ था, क्योंकि उन्हें अपनी जान का भय न था।

अप्पा ने पत्रकारों को बुलाया। कई समाचार-पत्रों में फोटो और कई प्रकार के समाचार तथा कुछ फीचर लेख भी प्रकाशित हुए।

☐

देखते-ही-देखते सारा मध्य प्रांत उनके इस कार्य का लोहा मानने लगा।

घोषित और अघोषित रूप के दान, उनके आश्रम की ओर आने लगे। महारोगियों के दिलों में यह भावना घर कर गई कि अब उनके हक की अपनी एक छत है। निरोगी लोग भी महारोगियों को अप्पा के आश्रम का रास्ता दिखाने लगे।

देखते-ही-देखते अप्पा साहब के आश्रम की कीर्ति बढ़ने लगी। बढ़ती हुई शोहरत के कारण पैसा पूरा नहीं पड़ रहा था. लेकिन इससे अप्पा डगमगा नहीं रहे थे। हताश भी नहीं हुए।

बेटी माधवी पर अपना अधिकार प्राप्त करने के लिए चित्रा ने अपने मिनिस्टर बाप के खिलाफ कोर्ट में मुकदमा किया।

सारा समाज इस साहसी दंपती के साथ खड़ा हो गया था।

□

1952

वासुदेव गजानन मार्जनी के चाचा की कुछ खेती पवनार के पास थी। जहाँ अप्पा व चित्रा ने दो वर्ष बिताए। पुराणों में वर्णित पतिव्रता की तरह चित्रा ने दिन-रात अपने पति की सेवा की। वासुदेव के सौभाग्य से कुष्ठरोग निवारण की औषधियाँ सन् 1950 से ही उपलब्ध हो गई थीं। साथ ही इस रोग से संबंधित काम करनेवाले सेवा संस्थान और डॉक्टर भी वर्धा में आसानी से उपलब्ध थे।

दो सालों में वासुदेव पूरी तरह ठीक हो गया। दो वर्ष पूर्व ही उसने नौकरी से त्यागपत्र भी दे दिया था। माधवी को उसकी माँ ने अपने से दूर, उसके नाना-नानी के पास रखा था। वासुदेव का यह कुष्ठरोग जब प्रारंभिक अवस्था में था, उसी दौरान माधवी का भी जन्म हुआ था। इसीलिए चित्रा को उस समय माधवी की चिंता कुछ अधिक थी।

वासुदेव मूलत: साहसी प्रवृत्ति का था। वह बहुत विद्वान् भी था। उसकी निर्भयता को इस बात से आँका जा सकता है कि जिस दौर में लोग 'कुष्ठरोग' शब्द से भी भयभीत हो जाते थे, उस समय उसने अपने को कुष्ठ रोगी घोषित कर दिया। यहाँ तक कि नौकरी का त्यागपत्र देते समय भी उसने अपने रोग का स्पष्ट कारण दिया था। उसके उपचार के लिए उसे इंग्लैंड भेजा जाए, ऐसा उसके ससुर के मन में था और इस संबंध में उन्होंने चर्चा भी उठाई थी। उस समय इंग्लैंड के डॉक्टरों ने यह सलाह दी कि इस रोग का बेहतर इलाज वर्धा में ही हो सकता है। सौभाग्य से वर्धा के पास उसके चाचा की खेती थी। हाँ! इस कालावधि में चित्रा को लगा कि उसे भी महारोग हो

गया है। एक धब्बा उसे भी हो गया था, पर वह छह महीने के भीतर स्वस्थ हो गई। उसका रोग असांसर्गिक था। फिर भी, कोई भी रोग, छोटे पैमाने पर ही सही, किसी को होना, आखिर दुःखद ही होता है। चित्रा वासुदेव की सेवा कर रही थी और बाहर जाकर बाजार-हाट भी किया करती थी, इसलिए लोग उससे व्यवहार करते समय दूरी बनाए रखने की कोशिश करते थे।

आज दो वर्षों के बाद, पीछे मुड़कर देखने के बाद उन्हें स्थितियों में बहुत कुछ बदलाव नजर आ रहा था।

''चित्रा!'' वासुदेव कह रहा था, ''हम लोग उच्च वर्ग और उच्च वर्ण के हैं। फिर तुम्हारे पिताजी इतने बड़े मंत्री हैं, बावजूद इसके लोगों ने हमारे साथ कैसा व्यवहार किया?''

''कैसा व्यवहार किया, यह छोड़ो अप्पा!'' चित्रा बोली, ''अब आगे कैसा व्यवहार करेंगे? इस बारे में भी कुछ कहा नहीं जा सकता।''

''तुम जो कह रही हो, वह बिल्कुल सत्य है।'' वासुदेव गहरी साँस लेते हुए बोला। काफी देर तक हाथ पीछे किए खिड़की से पार देखते हुए वह कुछ सोचता रहा।

''किसके बारे में सोच रहे हो?''

''हम लोग तो हर मायने में बड़े थे, प्रतिष्ठित थे फिर भी समाज में हमारी दशा...''

''अपनी दशा के बारे में इतना क्यों सोच रहे हो?''

''मैं अब अपने बारे में विचार नहीं कर रहा हूँ, चित्रा!'' वासुदेव उसकी ओर देखते हुए बोल रहा था, ''जब हमारी यह दशा है, तो अन्य लोगों का क्या होता होगा? पहले जो कुछ हुआ, सो हुआ, पर अब भविष्य में ऐसी बातें नहीं होगी। गाँव-जवार में रहनेवाले गरीब बेचारे, दलित, शोषितों को कुष्ठरोग हो जाने पर, इस संसार में उनका कोई अपना नहीं रह जाता है। उनका हर सुख छिन जाता है। सुखों के शीतल झोंके फिर कभी उनकी ओर रुख नहीं करते। घर-परिवार की आवाजें कभी वापस नहीं लौटती हैं। उनके जीवन का अँधेरा मिलकर बाँटनेवाला कोई नहीं होता है।''

''हमेशा आपके मन में यही विचार आता है अप्पा!'' पलंग पर बैठते हुए चित्रा ने बड़ी विनम्रता से कहा, ''हम लोग आखिर उनके लिए क्या कर सकते हैं? चारों ओर गड्ढे और खाइयाँ ही नजर आ रही हैं।''

''क्यों नहीं कर सकते? मेरे मन में अब पक्का विचार आया है, लेकिन इसके लिए तुम्हारे साथ की जरूरत है।''

''अप्पा, आप जो भी करेंगे, वह मुझे स्वीकार होगा।'' अप्पा का उत्साह बढ़ गया। वह उठकर बैठ गया। चित्रा का हाथ अपने हाथों में लेकर उसने कहा, ''हम लोग कुष्ठरोगियों के लिए एक आश्रम बनाएँगे, इसी जगह पर। उनकी सेवा करते हुए शेष जीवन व्यतीत करेंगे। हम उनके संरक्षक बनेंगे। हमारे सिवाय उन्हें समझनेवाला कौन है? जिसका कोई नहीं होता, उसका नाथ परमेश्वर होता है। हमारे हाथों ही यह नेक कार्य होना होगा, शायद इसीलिए परमेश्वर ने हमें चुना है। आओ, हम लोग ऐसा मान लेते हैं। कुष्ठरोगियों की समस्याएँ, भाव-भावनाएँ, स्वप्न, आशा-निराशा, एकाकी जीवन का दुःख···कौन समझेगा आखिर यह दुःख···! हमारे सिवाय? हमसे बेहतर?''

''मेरे दिल की बात कह गए आप। मैं भले ही बड़े सुख और लाड़-प्यार से पली हूँ, पर सेवा का संस्कार है मुझमें। वैसे भी भगवान्, माता-पिता, पति, महात्माओं की सेवा को दुनिया ने धन्य माना, लेकिन इसमें कहीं-न-कहीं स्वार्थ तो होता ही है। यह सेवा तो आवश्यक है ही, पर इसमें स्वयं की सेवा की भावना छिपी होती है। जिनकी सेवा कोई कभी नहीं करेगा, उनकी सेवा हम लोग करेंगे।''

''महारोगी के पास से गुजरी हवा को भी लोग अपने पास फटकने नहीं देते हैं।'' अप्पा ने करुणा के स्वर में कहा, ''रोगी के कुरूप शरीर में वास कर रहे उस भगवान् के सौंदर्य को मैं पल्लवित और पुष्पित करना चाहता हूँ। उसका शरीर जरूर रोगी होगा, पर उसके मन को निरोगी बनाना चाहता हूँ। उसके हताश-निराश जीवन में चैतन्य की प्रेरणा लाना चाहता हूँ चित्रा! तुम जैसी पत्नी परमेश्वर ने मेरे लिए भेजी है, वह ऐसे ही नहीं भेज दी। तुम पतिव्रता हो, सेवाभाविनी हो, यह तो हमारा बहुत बड़ा सौभाग्य है, पर इससे

ईश्वर की योजना सिद्ध नहीं हो पा रही है। जिन बातों को मैंने स्वाभिमान के चलते नकारा, उन्हीं चीजों को निश्चयपूर्वक सिर ऊँचा करके अब मैं माँगूँगा, क्योंकि इसमें मुझे कोई स्वार्थभाव या मानहानि नजर नहीं आती।''

''कौन सी बात? कौन सी चीज? किसके लिए? मेरे लिए!''

''हाँ। तुम्हारे लिए। तुम्हारी एक और अलग प्रकार की मदद मुझे मिल सकती है।''

''वह कैसे?''

''तुम्हारे पिताजी मिनिस्टर हैं। कुष्ठरोगियों का आश्रम 'सुखनिधान' आखिर हवा में तो नहीं बनेगा। इस खेत को जोड़कर मुझे विशाल जगह की जरूरत पड़ेगी। एक दवाखाना चाहिए। रोगियों के निवास के लिए घर चाहिए। पोस्ट ऑफिस, बैंक, एंबुलेंस, फंड...सबकुछ लगेगा।''

चित्रा कुछ नहीं बोली।

अप्पा खिड़की के बाहर झाँकने लगा। आकाश नापने की कोशिश करने लगा।

झाँकने लगा नहीं, झाँकने लगे। उसकी उम्र मात्र उनतीस वर्ष की थी, किंतु अपने इस निर्णय से वह बहुत बड़ा और महान् बन गया था। व्यक्तिगत दु:खों को सहलाना कोई बुरी बात नहीं है, किंतु दूसरों के दु:खों को मोल लेने की बात अब उसने सोच ली थी। परमेश्वर के पद की ओर जानेवाली सीढ़ियों पर अब वह चढ़ने लगा था।

अफसरशाही के भोक्ता वासुदेव गजानन मार्जनी, आई.सी.एस., पूर्व जिलाधिकारी, वर्तमान में हताश और पदविहीन जीवन जी रहे थे, संत की तरह भगवान्-समान जीवन...! अब केवल नाम ही उनके पास रह गया था। 'अप्पा मार्जनी'...और इतना ही काफी था।

अप्पा को लग रहा था कि यदि यह कार्य सरकारी सहायता से किया जाए तो कुष्ठ निवारण का कार्य पूरे स्वतंत्र भारत में जल्दी होगा। स्वतंत्र भारत को लेकर अप्पा की कल्पनाएँ बड़ी प्यारी थीं। अप्पा अपनी सीमाओं को जानते थे। सरकारी मदद के बिना आगे बढ़ना बड़ा कठिन है, इस बात

से भी वे परिचित थे।

लोकसभा में स्वास्थ्य मंत्री श्रीमती कौर ने उत्तर दिया, "लेप्रसी से संबंधित काम करने की जिम्मेदारी सरकार की नहीं है।"

और अप्पा के सामने अगले संकटों का अंदाज स्पष्ट हो गया। अप्पा का पूर्व आई.सी.एस. पद उनके काम में आया। बिना त्रुटियों की योजना बनाना, उसे बिना रुके अमल में ले आना, यह अप्पा के पेशेवरपन का एक अंदाज था।

एक दिन अप्पा ने चित्रा से कहा, "चित्रा! भारत में पंद्रह लाख कुष्ठ रोगी हैं और सिर्फ पंद्रह हजार कुष्ठरोगियों की व्यवस्था आश्रम में है।"

"अर्थात् सिर्फ एक फीसदी। मतलब निन्यानबे फीसदी कुष्ठ रोगी समाज में बेसहारा हैं…हम लोग कुछ नहीं कर सकते अप्पा!" चित्रा हताश हो गई।

"हम लोग पंद्रह लाख महारोगियों का नगर नहीं बना सकते।"

"तो फिर?"

"फिर भी कार्य को अधूरा नहीं छोड़ेंगे। भारत से इस रोग को समूल नष्ट नहीं किया जा सकता। फिर भी हमसे जितना संभव होगा, उतना करेंगे। ऐसा हम मान लेंगे कि परमेश्वर ने हमारे हिस्से में इतनी ही योजना दी है।"

"लेकिन हमारे इतने छोटे काम से कुछ भी हासिल नहीं होगा।"

"महारोग नष्ट नहीं होगा, न तो नियंत्रित ही होगा।" अप्पा बोले, "लेकिन हम एक काम तो कर सकते हैं कि दुनिया भर के कुष्ठरोगियों के हताश मन में जो निराशा है, उसे आशा रूपी आकाश का पंख तो दे ही सकते हैं, लोगों को जाग्रत् कर सकते हैं। उनके मन से घृणा, हीनता, तिरस्कार नष्ट करके उनमें दया, सहानुभूति, करुणा की भावना तो पैदा कर ही सकते हैं।"

"प्रत्यक्ष रूप से काम करते हुए क्या हमें सफलता मिलेगी?"

"नहीं, उसमें कुछ और जोड़ना होगा। मैं जब कॉलेज में था तो नाटक लिखा करता था, अब फिर से लिखूँगा। लेखकों को यहाँ बुलाऊँगा, उन्हें लिखने के लिए प्रेरित करूँगा। उनके अंदर की करुणा को जगाऊँगा। वक्ताओं

को बुलाऊँगा, सबकुछ करूँगा।''

''देखिए, आखिर आप जैसा निश्चित करेंगे, वैसा ही होगा। लेकिन मुझे ऐसा लगता है कि इससे लोगों के दृष्टिकोण में कुछ परिवर्तन होगा ही, ऐसा नहीं है। फिर कुष्ठरोग नियंत्रित भी तो नहीं हो पाएगा। मुझे लगता है कि हमारे इस कार्य से लोग हमें आदरभाव से देखेंगे, फिर एक बात और होगी कि लोग यह मानने लग जाएँगे कि यह काम हमारा नहीं है। केवल अप्पा ही जानता है। इससे वे अपनी जिम्मेदारियों को भूल जाएँगे।''

''चित्रा, हम लोग कोई निर्मम बवंडर तो नहीं हैं। हमारे लिए अपने कमरे के पंखे की हवा ही काफी है। मैं सूर्य तो ला नहीं सकता। किंतु एक दीपक जरूर जला सकता हूँ। एक पौधा लगाकर उसकी संरक्षा करते हुए उसे वृक्ष बनाकर हम वन-महोत्सव मनाएँगे। समाज के लिए कुछ भी न करने से तो यह अच्छा ही है। चलो, मिलकर कोशिश तो करते हैं। एक दीप प्रज्वलित करते हैं।''

□

1985

मंत्रालय के पोर्च में प्रो. भालेराव मिले। पराये गाँव में जब कोई अपना आदमी मिलता है और तब जो आनंद होता है, वह उन सुरक्षाकर्मियों एवं पुलिसवालों के सामने व्यक्त हो रहा था।

"अरे भाई! तुम यहाँ कैसे?" मैंने पूछा!

"नहीं जानते क्या? भालेराव ने उपेक्षा से मेरे प्रश्न का जवाब दिया, "बच्चू! आज अप्पा का सत्कार समारोह जो है।"

"अरे हाँ यार, मैं तो भूल ही गया था।"

"तुम आ रहे हो या नहीं?"

"देखते हैं।"

"देखते हैं क्या? बिल्कुल आओ, तुम यह अवसर चूको मत। आज तुम जान ही जाओगे कि अप्पा कितने महान् हैं। तीन करोड़ रुपयों की थैली, यह कोई मामूली बात नहीं है।"

"प्रोफेसर।" मैंने कहा, "हमारे देश में कुल पैंतीस लाख महारोगी हैं, ऐसा मैंने किसी ताजी रिपोर्ट में पढ़ा है। विश्व के एक–चौथाई रोगी भारत में हैं। सिर्फ महाराष्ट्र में साढ़े चार लाख महारोगी हैं। तीन करोड़ रुपयों से क्या होगा?"

"मतलब?" भालेराव ने पूछा, "तुम कहीं ऐसा तो नहीं कहना चाह रहे हो कि अकेले टाटा, बिरला या अकेली इंदिराजी देश की दरिद्रता को दूर नहीं कर सकतीं···?"

"मतलब टाटा, बिरला, इंदिराजी सिर्फ कुछ चुनिंदा लोगों की ही दरिद्रता को दूर करें?"

''ऐसा नहीं यार!'' भालेराव ने जवाब दिया।

''भालेराव!'' मैंने कहा, ''गरीबी दूर करने के लिए उसकी जड़ या महारोग नष्ट करने के लिए उसके मूल को खोजना आवश्यक है। तुम्हारा अप्पा मार्जनी यदि देश से महारोग नष्ट करने की योजना पर काम करनेवाला होगा, तो मैं आज के सत्कार समारोह में आने के लिए तैयार हूँ।''

''इतने सालों से आखिर अप्पा क्या कर रहे हैं?'' भालेराव ने पूछा।

''अप्पा महारोगियों का मंदिर बना रहा है। महारोगी को सजाकर उसका रोग नष्ट नहीं होगा।''

भालेराव नाराज हो गया।

''तुम सालों, अप्पा को लताड़ने में ही अपना भूषण मानते हो। उनके बारे में एक शब्द भी तुम लोग अच्छा नहीं बोलोगे। अप्पा से आखिर क्या गलती हो रही है, यह पूछने पर कोई भी ठीक से जवाब नहीं देता है। सब लचर-पचर जवाब देते हैं। अप्पा साहब को करना क्या चाहिए? यह पूछने पर कोई कुछ भी बोल नहीं पाता है। एक व्यक्ति अकेला दृढ़ निश्चय से उपेक्षितों की सेवा कर रहा है, तो तुम लोग साले जलते हो।''

''जलते हैं?'' मैं चकित हो गया, ''जलकर क्या करेंगे? उनकी उम्र, बुद्धि, कार्य, वेग और प्रभावित करने की शक्ति सबकुछ विलक्षण है। मेरी उम्र छोटी है। व्यवसाय भी अलग···मुझे ईर्ष्या से क्या लाभ होगा?···लेकिन एक बात कहूँ? अप्पा से क्या गलती हो रही है, यह मैं जानता हूँ। अप्पा को क्या करना चाहिए, यह भी मैं जानता हूँ। किंतु यह सब बताने के लिए मैं अपने आप को सक्षम नहीं मानता हूँ।''

''क्यों? जानते हो तो बोलो न!'' तैश में आकर भालेराव बोला!

''डॉ. रावेरकरजी की क्या राय है, यह हमें जानना चाहिए। क्योंकि इस क्षेत्र के वे सबसे महान् व्यक्ति हैं, ऐसा मेरा मानना है। चलोगे उनके पास? उन्होंने मुझे बहुत पहले ही बुलाया था, पर किसी-न-किसी कारणवश जाना संभव नहीं हो पाया। इतनी बार मुंबई आया···चलोगे?''

भालेराव तुच्छता के भाव से हँसा।

''कौन डॉ. रावेरकर? उसे भला कौन पहचानता है? डॉक्टर सो डॉक्टर? व्यावसायिक डॉक्टर है वह! रोगी आया, दवाइयाँ दीं! बस खत्म। उसमें वह बात कहाँ, जो अप्पा में है।''

मुझे भालेराव पर गुस्सा नहीं आया। अप्पा उसके लिए ईश्वर हैं। उनपर मैंने जहर उगला है, फिर वह डॉ. रावेरकर की आलोचना करेगा, यह तो स्वाभाविक ही था। मैंने उसे क्षमा कर दिया। उसे दोष देने में आखिर क्या मतलब था? बड़े-बड़े लोगों को भी डॉ. रावेरकर का नाम, पता नहीं है।

मैंने बड़ी खिन्नता से भालेराव को 'गुडबाय' किया। वह फिर रुक गया

''बाय दि वे।'' वह बोला, ''तुम मुंबई कैसे आए हो?''

''यहाँ एक दैनिक अखबार में वरिष्ठ पद के लिए मैंने आवेदन किया है।''

''धत् तेरे की! मंत्रियों की सिफारिश के लिए यहाँ क्यों आए हो? कल सवेरे ही मैं अप्पा साहब को बताता हूँ, इस बारे में तुम चिंता मत करो।''

''नहीं, तब तो मैं नागपुर में ही ठीक हूँ।''

''देखो···देखो! अप्पा साहब को लेकर मन में कुछ द्वेष है। उनकी सिफारिश तुम्हें किसी मंत्री से कम लगती है क्या?''

''नहीं, बिल्कुल नहीं। मंत्री से सिफारिश करवाने में मुझे कोई संकोच नहीं होगा, किंतु अप्पा साहब मेरे लिए सिफारिश करें, यह उनका अपमान होगा ऐसा मुझे लगता है।''

''देखो, भाई! इफ यू आर रियली इंटरेस्टेड···''

''ठीक है, मैं बताऊँगा।'' मैंने कहा।

मैं वहाँ से निकला। मुझे स्वयं से घृणा हो रही थी। क्षुद्र स्वार्थ के लिए मैं इधर-उधर भटक रहा था और लोगों की सेवा करनेवाले अप्पाजी के प्रति बेमतलब मन में परायापन लिये घूम रहा था। मैं स्वार्थ के लिए निकला था, इसलिए मंत्रियों की चौखट पर दस्तक देता रहा और अप्पाजी ने स्वार्थ का त्याग किया, इसलिए स्वयं प्रधानमंत्री उनके दर्शनार्थ आईं। प्रधानमंत्री उनके कार्यों का मोल समझती हैं, इसलिए राज्य का मुख्यमंत्री आज के कार्यक्रम में

अंजुरी पसारे खड़ा रहेगा। शिवाजीराव पटवर्धन को दुत्कारनेवाला मुख्यमंत्री यहाँ सौजन्यमूर्ति बनेगा।···फिर भी शिवाजीराव को मंत्री से कुछ माँगना नहीं चाहिए था। अप्पा साहब जैसी चतुराई उनमें नहीं है।

ऐसे ही तमाम विचारों में खोया रहा। रावेरकर कभी मंत्रियों के आगे लाचार नहीं बने। तब उनकी प्रतिष्ठा भी तो अप्पाजी की तरह बढ़नी चाहिए थी, पर ऐसा हुआ नहीं। रावेरकरजी की सार्वत्रिक उपेक्षा के आखिर कारण क्या थे?

चर्चगेट से आगे कुछ दूरी तक चलने के बाद ही इन प्रश्नों के जवाब मिलेंगे। डॉ. रावेरकर से मुझे मिलना ही होगा। वे यहीं पर तो रहते हैं।

□

उनकी बिल्डिंग और उनका फ्लैट ढूँढ़ने में मुझे परेशानी नहीं हुई।

विमलताई ने दरवाजा खोला। वे चकित हो गईं। उनके पैर छू ही रहा था कि डॉक्टर साहब भी आ गए। मैंने उनके भी पैर छुए।

हाल-चाल, कुशल-मंगल और चाय-पान के बाद मैंने विषय शुरू किया।

"आज अप्पा साहब का सत्कार है। बड़े-बड़े सत्ताधारी, नेतागण, गायक, गायिका, अभिनेता, लेखक···सभी मंच पर होंगे। अप्पा साहब का इतना बड़ा सत्कार किया जा रहा है। पुष्पमालाएँ गलत गले में अर्पित होंगी, ऐसा मुझे लगता है। मुझे जो लगता है, क्या वह आपको नहीं लगता?"

मेरा स्वर भर आया।

"बिल्कुल नहीं लगता। योग्य गले में ही हार समर्पित होनेवाले हैं।" डॉक्टर जोर देकर बोले, "क्यों विमा तुम्हें क्या लगता है?"

"अप्पा महान् हैं, इसमें कोई शक नहीं है।" विमलताई बोलीं।

"बंड्या।" डॉक्टर बोले, "तुम्हारी भावना को मैं समझ सकता हूँ। तुम्हारे दिल में हमारे प्रति बड़ी श्रद्धा है, इसलिए तुम्हें लगता है कि हमारा गौरव होना चाहिए, फोटो छपने चाहिए, लोग पैर छुएँ, स्टेशन एवं हवाई अड्डों पर लोगों की भीड़ जमा हो।"

"हाँ।" मैंने कहा, "हमारे देश के लोग कितने मूर्ख हैं! उन्हें आदमी पहचानना नहीं आता। अपने बड़प्पन के कारण कुछ लोग प्रसिद्धि से दूर रहते हैं, इससे लोग उन्हें नहीं पहचानते हैं। और तो और, उपेक्षा भी करते हैं। हम लोग नीच और नादान होते हैं…" मेरा स्वर न चाहते हुए भी कठोर हो गया।

"तुम्हारी भावना हम समझ सकते हैं पर हर किसी को उसके कार्य का मोल मिलता है। अप्पा ने समाज के लिए बहुत कुछ किया है। बहुत सहा है उन्होंने।"

"क्या आपने समाज के लिए कुछ नहीं किया?" मैंने आवेश में पूछा। हमेशा की तरह प्रसन्न मुद्रा में डॉ. रावेरकर बोले, "नहीं! मैंने कुछ नहीं किया है समाज के लिए। पिछली बार भी मैंने तुम्हें बताया था। मुझे लगता है…हम लोगों ने हवाई अड्डे पर चर्चा की थी, "है न विमा?"

"हाँ।" अंदर से ही विमलताई बाहरी कमरे में झाँकते हुए बोलीं।

"मैं अपने स्वयं के आनंद के लिए जीता रहा। सबकुछ अपने लिए किया है। जितने दिन आनंद आया, काम किया। जब बोर होने लगा तो सबकुछ छोड़ दिया। समाज के लिए करता तो क्या मैं यह सब छोड़ सकता था? अप्पा अपना कार्य छोड़ सकता है?…यहाँ हम लोग आए तो अपने आनंद के लिए। मैं जीवन भर आनंद से रहा हूँ। आज भी सुख से हूँ।"

"आज अप्पा का सत्कार समारोह है तो आपको कुछ भी नहीं लग रहा है?"

"लग रहा है, बिल्कुल लग रहा है, बहुत ही हर्ष हो रहा है। अप्पा ने बहुत ही अच्छा काम किया है। मैं व्यक्तिगत रूप से विशेष खुशी महसूस कर रहा हूँ, क्योंकि अप्पा मेरा पेशेंट था और बाद में विद्यार्थी भी रहा।"

"क्या?" मैंने आश्चर्य से पूछा।

"हाँ। यही सच है।" डॉक्टर बोले, "अप्पा बहुत संवेदनशील था, इसीलिए बहुत कोऑपरेटिव पेशेंट था।"

विमलताई बाहर आईं।

"चित्रा बड़ी महान् है।" विमलताई ने कहा।

"अप्पा जब ठीक हो गया तो मेरे पास अध्ययन के लिए आया था। उसे पूरी तरह से मैंने कुष्ठशास्त्र सिखाया। अप्पा एक आदर्श विद्यार्थी था।" डॉक्टर ने कहा।

"अप्पा और चित्रा की लगन," विमलताई बोल रही थीं, "यह बहुत ही दुर्लभ बात है। इतना प्यार, इतनी करुणा, इतनी जिद्द, यह बात लोगों में बहुत कम देखने को मिलती है।"

"ही डिजर्वस् इट। यह सम्मान होना ही चाहिए।" डॉक्टर साहब ने कहा।

"आप उन्हें विद्यार्थी कह रहे हैं, लेकिन वे आपको आज पहचानते भी हैं क्या?" मैं झकझक किए जा रहा था।

□

"अरे न पहचानने को क्या हुआ है?"

"पहचानते हैं," विमलताई बोलीं, "किंतु वे न भी पहचानें तो भी हम उनसे कोई अपेक्षा ही क्यों करें?"

"अप्पा किसी भी रूप में इस तरह पेश न आएँ, कम-से-कम इतनी तो अपेक्षा गुरु होने के नाते आपको करनी ही चाहिए।" मेरे इस वाक्य पर दोनों एक-दूसरे को देखने लगे। मगर कुछ बोले नहीं।

"आपकी उम्र कितनी है?" कुछ देर पहले मेरे मन में जो प्रश्न आया, उसे मैंने पूछा।

"पचहत्तर।" हँसते हुए डॉक्टर साहब ने जवाब दिया, "इसकी भी कोई इकहत्तर के आस-पास होगी।"

"पचहत्तर?" मैंने अविश्वास से पूछा। फिर डॉक्टर साहब को निहारने लगा। उनके सिर के बाल सघन थे और इनमें से अधिकांश बालों ने सफेद होने से इनकार कर दिया था। चेहरे पर वही तेज, जो पहले था। नाक से लेकर होंठों तक झुर्रियों की कोई निशानी नहीं। चलते-बोलते समय वही शान, वही रुआब, वही रुतबा। बुढ़ापे का कहीं कोई चिह्न नहीं था।

विमलताई के सभी बाल सफेद हो गए थे, पर चेहरे पर कहीं झुर्रियाँ नहीं थीं। बालों को यदि काले रंग से डाई कर लिया होता तो वे अब भी चालीस की लगतीं।

''डॉक्टर! आप मन के राजा हैं।''

''हाँ। उम्र तो हो ही चुकी है।''

''उम्र की बात नहीं। आप तो दुनिया में कुष्ठरोग के सर्वश्रेष्ठ डॉक्टर और वैज्ञानिक हैं। कुष्ठ निर्मूलन के लिए आपकी थ्री-डी सिस्टम अब दुनिया के सभी देशों में इस्तेमाल की जाती है। कुष्ठरोग की उग्रता अब विश्व में कम हो गई है और यह रोग पूर्णत: नियंत्रण में है। यह सब आपकी कृपा है। किंतु आपको कोई पहचानता नहीं है। इसका कोई खेद भी नहीं है आपको। आप लोग अपने मुँह से कुछ भी नहीं बोलते हैं, यह सत्य है परंतु खास यह है आप पति-पत्नी ने पूरी दुनिया को क्षमादान दे दिया है, ऐसा लगता है। अपना नाप पूरी ताकत के साथ भरा है, इसका पूरा विश्वास है आप लोगों को। आप लोग वास्तव में बहुत महान् हैं।''

''ऐसा तुम समझते हो, क्योंकि तुम्हारी मुझ पर श्रद्धा है। जैसा मैं तुम्हें लगता हूँ, उतना बड़ा नहीं हूँ मैं। मैंने कहा न तुमसे, मैंने अपने आनंद के लिए सबकुछ किया और अपने आनंद से बँधा हुआ हूँ, अन्य किसी से नहीं। क्या यह बड़ा होने का लक्षण है? कभी सोचता हूँ तो लगता है कि हमने जिंदगी के हर दिन और पल बड़ी अच्छी तरह से जिया है। कुछ भी व्यर्थ नहीं जाने दिया है। जिस दिन ने जो दिया, उसे भरपूर जिया। शायद इसीलिए यह भयानक गरमी, लू और सर्दियों की बेपनाह ठंड को आसानी से बरदाश्त कर पा रहा हूँ।''

''नहीं, नहीं!'' मैंने कहा, ''आप तो मेरी नजरों में और भी बड़े होते जा रहे हैं। आपके बड़प्पन का सामर्थ्य आज मुझे अंदर से महसूस हो रहा है। मेरे मन में अप्पा के विषय में जो अज्ञान था, वह आपने आज दूर कर दिया। अब अप्पा पर मैं खुलकर टिप्पणी कर सकता हूँ, क्योंकि उनके दोषों को मैं जानता हूँ, पर उनके प्रति मेरे मन में अजनबीयत नहीं है। अब मैं उनके पैर छू सकता

हूँ, इसीलिए टीका-टिप्पणी करते हुए अब डर नहीं लगेगा।''

''ठहरो!'' विमलताई ने कहा, ''तुमको लगता है न कि हमारे विषय में किसी को कुछ नहीं लगता या कोई कुछ नहीं सोचता! ऐसा नहीं है। तुमको लगता है न! ऐसे ही बहुतों को लगता है।' 'डार्कनेस एट दि माउंटन टॉप' क्या यह उपन्यास तुमने पढ़ा है?''

''नहीं···मैंने देखा भी नहीं···सच बताऊँ? नाम भी नहीं सुना है।''

''जाने दो, विमा। क्यों उसे परेशान कर रही हो?'' डॉक्टर साहब ने कहा।

''नहीं! नहीं! जो भी है, मुझे बताओ न!'' मैंने कहा, बल्कि आग्रह किया।

विमलताई अंदर गईं और एक मोटी सी किताब लेकर आईं, ''यह उपन्यास इस साल से एम.ए. के पाठ्यक्रम में शामिल किया जाएगा।''

मैंने उपन्यास का मुखपृष्ठ देखा।

'डार्कनेस एट दि माउंटेन टॉप' इस नए अंग्रेजी उपन्यास के लेखक का नाम था, 'तोतो पारिओ।' मेरे दिमाग में कुछ प्रकाश पड़ा। पिछले कुछ सालों से इस एथेंस निवासी लेखक का नाम बहुत चर्चा में रहा है। विश्व साहित्य-जगत् का चिर-परिचित नाम। इस लेखक को किसी भी वर्ष नोबेल पुरस्कार मिल सकता है। शायद इसी उपन्यास को मिले। मन स्मृतियों में खो गया।

मैंने दो पन्ने पलटे।

मेरे शरीर में जैसे बिजली का करंट दौड़ गया हो, इस तरह से मैं झनझना उठा। रोंगटे खड़े हो गए।

बाईं ओर का पृष्ठ कोरा था। दाहिने पृष्ठ के बीचोबीच लिखा था—

Dedicated to Dr. W.D. RAWERKAR

Who is the master of physicians those who treat the only human disease.*

(* एकमात्र मानवी रोग पर इलाज करनेवाले डॉक्टरों में सर्वश्रेष्ठ डॉ. वा.दे. रावेरकर को समर्पित। कुष्ठरोग सिर्फ मानवों को ही होता है। कुष्ठरोग के डॉक्टर, मानवों के डॉक्टर होते हैं और अन्य जानवरों के। ऐसा सारगर्भित अर्थ इस वाक्य में होना चाहिए, ऐसा लगता है।)

मैं बहुत देर तक वह पुस्तक, हाथों में थामे देखता रहा। उसके पन्ने पलटकर पढ़ने की कोशिश करता रहा। मेरी नजर बार-बार उन पंक्तियों पर टिक जाती थीं, जिन पंक्तियों में डॉक्टर रावेरकर को समर्पित यह संदेश लिखा गया था।

अब मैं बहुत खुश था। मेरे आनंद की कोई सीमा नहीं थी। अब मेरे मन से तमाम शंकाएँ खत्म हो गई थीं। मन साफ हो गया था। अब पूरी तरह से निर्णय हो चुका था कि अप्पाजी के सम्मान-समारोह में जाना है।

''क्या आप भी सम्मान-समारोह में उपस्थित रहेंगे?'' मैंने पूछा।

''जी, बिल्कुल उपस्थित रहेंगे।'' डॉक्टर साहब ने जवाब दिया।

''लेकिन हाँ भाई, हम लोग तो यह समारोह दूर किसी कोने में बैठकर देखेंगे। तुम्हें कोई एतराज न हो तो तुम भी हमारे साथ बैठ सकते हो।'' विमलताई ने कहा।

□

1941

सेंट मार्लिंस हॉस्पिटल, जो मध्यवर्ती लंदन में स्थित है, उसके तल मंजिल पर बने एक सभागृह में विशेषज्ञों के चर्चा सत्र एवं व्याख्यान का आयोजन किया गया था।

''जर्मनी के लड़ाकू विमानों ने कई बार लंदन पर हमला किया। इंग्लैंड बड़ी बहादुरी से इसका मुकाबला कर रहा था। इस मुकाबले के कारण इंलैंड को बहुत नुकसान हो रहा था, पर उसकी आत्मशक्ति प्रबल थी। शत्रु का प्रतिकार करना, लंदन की यह इच्छा, प्रत्यक्ष रूप से आत्मघाती थी। इसकी बजाय पेरिस ठीक था। पेरिस ने लंदन की तरह विरोध नहीं किया, इससे उसका शहर, इमारतें, संपदा इत्यादि बची रहीं। शत्रु को घूमने-फिरने की आजादी थी। प्रतिकार शून्य था। शत्रु आंतरिक रूप से नुकसान कर रहा था, पर ऊपरी तौर पर शहर बिल्कुल सुरक्षित था।''

अब जब डॉ. रावेरकर अपना शोध-पत्र पढ़ने के लिए खड़े हुए, तब भी विमानों की कर्कश आवाज गूँज रही थी, लेकिन लोगों को इसकी आदत सी पड़ गई थी। बाहर आकाश में आमने-सामने युद्ध शुरू था और अंदर सभागृह में कुष्ठरोग जैसे शुष्क, गैर-मनोरंजक विषय पर सारगर्भित चर्चा चल रही थी।

डॉ. रावेरकर, एक युवा डॉक्टर, जब अपना शोध-पत्र पढ़ने के लिए खड़ा हुआ तो अनेकों के मन में उत्सुकता का भाव था। उस युवक के लिए लंदन नया नहीं था। फिर भी युद्ध की चिंता न करते हुए, सिर्फ शोध-पत्र पढ़ने के लिए वह भारत से उपस्थित हुआ था, यह कई मान्यवरों और

वरिष्ठों के लिए एक कौतूहल का भी विषय था। डॉक्टर ने अपना लिखित शोध-पत्र बगल में रख दिया और वे मुसकराकर सामने देखते हुए बोलने लगे—

''मित्रो! कुछ कुष्ठ रोगी लंदन की तरह होते हैं तो कुछ पेरिस की तरह (लोग हँस रहे थे) आप लोगों को मेरे इस कथन पर हँसी आ रही है, परंतु यह उदाहरण एक निश्चित सीमा तक सटीक है। कुष्ठरोग के कीटाणु जब शरीर पर हमला करते हैं तो अंदर के तंतु दो प्रकार से प्रतिकार करते हैं। पहले तो वे, जो लंदन की तरह प्रबल प्रतिकारक की भूमिका अपनाते हैं और दूसरे वे, जो पेरिस की तरह समर्पण की भूमिका अपनाते हैं। (धीमी हँसी का ठहाका) अब भी लंदन पर जर्मनी के विमान चारों ओर मँडरा रहे हैं। इनका प्रतिरोध करते हुए लंदन की इमारतों का नष्ट होना तय है, फिर भी लंदन प्रतिकार करने से बाज नहीं आएगा। (तालियों की गूँज) दोस्तों! कुष्ठरोग के कीटाणु शरीर में प्रवेश करने के बाद उनका प्रतिकार जो रोगी करता है, उस रोगी के शरीर पर रोग के लक्षण तुरंत दिखाई देने लगते हैं, धब्बे प्रकट हो जाते हैं, फिर विकृति आने लगती है। लंदन की तरह विकृत दिखनेवाला यह रोगी असांसर्गिक रोगी होता है, इस बात पर कोई विश्वास नहीं करता है। ऐसे लोगों को लंदन और पेरिस दोनों दिखाना चाहिए। जहाँ पर रोगाणुओं का विशेष प्रतिकार नहीं किया जाता है, वहाँ पर रोग के लक्षण प्रकट होने में काफी समय लगता है। ऐसा व्यक्ति कुष्ठरोग से पीड़ित होता है, पर उसका रोग दिखाई नहीं देता है। वह ऊपर से पेरिस की तरह ही स्वस्थ दिखता है।

''मित्रो! यह उदाहरण बहुत अधिक मत खींचिए। (हँसी) मुझे सिर्फ यह स्पष्ट करना है कि जो छिपे रोगी होते हैं, उन्हें पहचानना कठिन होता है और जब तक ऐसे रोगी मिलते नहीं, तब तक कितनी भी औषधियाँ बना ली जाएँ बेकार हैं। अत: रोगियों को खोजना, यह प्राथमिक और महत्त्वपूर्ण काम है। अन्य प्रकार के रोगी स्वयं डॉक्टर के पास जाते हैं, परंतु इस रोग के मामले में केस उलटा है, जब तब डॉक्टर स्वयं ऐसे रोगी को नहीं ढूँढ़ते, तब तक कुष्ठरोग का इलाज करना निरर्थक है।

"मित्रों! इसी आधार पर मैंने अपना यह शोध-पत्र तैयार किया है। मैं जो कुछ कह रहा हूँ, उस पर चर्चा हो, ऐसी मेरी गुजारिश है। साथ ही आप लोग मेरे विचारों से सहमत होंगे, ऐसी आशा करता हूँ।"

इसके बाद डॉक्टर रावेरकर ने अपना शोध-पत्र पढ़कर सुनाया। उसके प्रमुख तत्त्व इस प्रकार थे—

1. Detection
2. Direction
3. Dectation

"सर्वप्रथम, छिपे हुए अज्ञात रोगियों को खोजना, यह अत्यंत आवश्यक है। इसमें एक बात और है कि ऐसे रोगी अपने रोग को छिपाते हैं, यह बात यदि सत्य भी है, तो भी अधिकांश लोगों को तो यह पता ही नहीं होता कि वे इस रोग के शिकार हैं।" (Detection)

"रोगियों को इस तथ्य की जानकारी हो और अन्य लोगों को भी इस रोग के विषय में ज्ञान प्राप्त हो, अतः निर्देशन, जनजागृति और शिक्षा के माध्यम से लोगों को अवगत कराना चाहिए। इससे हमारा काम कुछ आसान हो जाएगा। इस प्रशिक्षण में दो महत्त्वपर्ण बातों का समावेश है (अ) छिपे महारोगी कैसे पहचानें? (आ) अब महारोग भयंकर नहीं रहा। वह ठीक हो सकता है। इसलिए रोग विषयक घृणा और डर को समूल नष्ट कर देना चाहिए।" (Direction)

"पिछले साल ही इस रोग पर एक रामबाण औषधि तैयार की गई है। इस समय वह प्रायोगिक अवस्था में है। अतः कुष्ठरोगियों को भविष्य में बहिष्कृत न करके, उनके घर जाकर, उनका इलाज किया जाना चाहिए। अर्थात् रोगी को आश्रम की बजाय घर में ही रखना चाहिए।" (Dectation)

"इसी तीन 'डी' को मैंने 'थ्री-डी प्रोग्राम' नाम दिया है।"

एक डॉक्टर महोदय खड़े हुए और बोले, "यह सब तो डॉक्टरी पेशे में नहीं आता है, यह तो मिशनरियों का काम है।"

"कोई भी शरीरशास्त्रीय कार्य, यह सर्वप्रथम डॉक्टरों का ही कार्य होता

है। इसलिए कुष्ठ कार्य यह किसी भी स्तर पर डॉक्टरों का ही काम है। समाजसेवकों का क्रम बहुत बाद में आता है।'' रावेरकर बोले।

''किंतु कुष्ठरोगियों को कैसे खोजा जाए, डॉक्टर उसे कैसे खोजें?'' दूसरे डॉक्टर ने पूछा।

''सभी नागरिकों को चाहिए कि वे साल में एक बार अपने फैमिली डॉक्टर से अपनी जाँच करवाएँ। साथ ही सभी डॉक्टरों को स्नातक-परीक्षा में 'कुष्ठरोग' यह विषय पाठ्यक्रम में अनिवार्य कर दिया जाए।''

''डॉक्टर!'' तीसरा बोला, ''आपने जो प्रोग्राम बताया है, वह विचार करने लायक है। इसका 'थ्री-डी' नाम भी आकर्षक है, किंतु इसका स्पष्टीकरण और सरल होना चाहिए।''

''उसके बारे में भी मैंने सोचा है।'' डॉक्टर रावेरकर बोले, ''सर्वेक्षण, जन-प्रशिक्षण और उपाय-योजना, यह तीन समानार्थी सरल शब्द हम दे सकते हैं।''

''डॉक्टर! मैं अभी विद्यार्थी हूँ।'' रावेरकर से भी युवा, एक गोरा डॉक्टर खड़ा होते हुए बोला, ''आपसे क्षमा चाहते हुए मैं अत्यंत ही प्राथमिक जानकारी प्राप्त करना चाहता हूँ…सन् 1873 में आरमूर हैंसन ने कुष्ठरोग के कीटाणुओं को माइक्रोस्कोप पर देखा, उसके बाद पिछले साल डाय-अमिनो डाय फेनिल सल्फोन की खोज के पूर्व तक इस रोग का कोई इलाज नहीं था क्या? इस रोग पर प्रतिबंधक टीका नहीं है क्या?''

''यह रोग सिर्फ मनुष्य को ही होता है। इसीलिए इसका कोई प्रतिबंधक टीका अभी तक नहीं है, परंतु दक्षिण अमरीका में यह रोग विशेष प्रकार की बिल्लियों को होता है। 'आर्माडिल्लो' इसी तरह का रोग है, ऐसा कहा जाता है। इस विषय में विशेषज्ञों का शोधकार्य अभी जारी है, इसलिए निश्चित तौर पर कुछ कहा नहीं जा सकता।''

''क्या इस पर एक ही औषधि है?''

''औषधियों के कई प्रकारों का निर्माण किया जाना चाहिए, क्योंकि कीटाणु, एक ही प्रकार की औषधि के सेवन से अल्पावधि में ही अभ्यस्त

बन जाते हैं। कुछ विशेषज्ञ इम्युनॉलॉजी पर भी काम कर रहे हैं…फिर भी इस समय जिन औषधियों पर शोध जारी है उनका शोध पूर्ण होने तक अन्य पर कुछ भी विचार नहीं किया जा सकता। ये औषधियाँ जब प्रयोग में आ जाएँगी तो मेरे फॉर्मूले पर काम करना अधिक उचित होगा। तब तक पहले दो 'डी' का प्रचार होना चाहिए, ऐसी मेरी इच्छा है।''

दूसरे दिन से ही डॉ. रावेरकर कुष्ठरोग के विश्व-प्रसिद्ध विशेषज्ञों में शामिल हो गए। उनका मार्ग कुछ विवादित था, परंतु नियंत्रण के मुद्दे पर उनका 'थ्री-डी प्रोग्राम' अधिक प्रभावशाली था। नियंत्रण विशेषज्ञ (एपिडिमोलॉजिस्ट) और चिकित्सक विशेषज्ञ (क्लिनीशियन) के रूप में उनकी पूरे विश्व में ख्याति फैलने का यह आरंभिक दौर था। केवल कुष्ठरोगियों के या फिर डॉक्टरों के बीच ही नहीं, बल्कि पूरी मानव जाति के बीच उनकी कीर्ति फैलने जा रही थी। इस बात को वह गोरा डॉक्टर भली-भाँति पहचान गया था। उसने डॉ. रावेरकर का पीछा नहीं छोड़ा। उन्हें इस युग का फरिश्ता मानकर वह साये की तरह उनके साथ रहने लगा और कार्य करता रहा।

दोनों बाहर जाकर कॉफी-स्टैंड पर बैठ गए।

''डॉक्टर!'' वह गोरा युवक बोला, ''यूरोप में कुष्ठरोगियों की संख्या कम है और अफ्रीका में अधिक! ऐसा क्यों है?''

''यह तो जीवनस्तर पर निर्भर करता है। जहाँ पर अज्ञान और गरीबी है तथा जीवनशैली भी दरिद्र है, वहाँ पर रोगियों की संख्या अधिक है।''

''और यूरोप के अधिकांश कुष्ठ रोगी सांसर्गिक तथा अफ्रीका के असांसर्गिक हैं, यह विरोधाभास क्यों है?''

''वही लंदन-पेरिस का उदाहरण।…किंतु यह त्वचा के रंग से भी संबंधित हो सकता है, ऐसा मुझे लगता है, क्योंकि हमारे भारत में दक्षिण के लोग काले तथा उत्तर में गोरी त्वचा के लोग हैं। वहाँ पर भी विदर्भ, आंध्र और मद्रास जैसे प्रांत में यह रोग अधिक है, और अन्य प्रांतों में कम।''

''डॉक्टर! आप वास्तव में महान् हैं। यू आर ग्रेट!'' वह गोरा डॉक्टर बोला, ''मुझे आपसे प्रशिक्षण लेने में गर्व होगा। हिंदुस्तान में आना मेरे लिए

सुखद होगा। आप मुझे अपना शिष्य स्वीकार कर लें।''

''वैज्ञानिक दृष्टिकोण रखनेवाले किसी भी व्यक्ति से मैं शिष्य, मित्र या खून का रिश्ता जोड़ने को तैयार हूँ···पुरातन समय के एक भारतीय साधु की कहानी मैं तुम्हें सुनाता हूँ। देखो, वह साधु तुम्हें अपने करीब का लगता है···क्या?''

□

ईसा पूर्व 144

तिलोत्तमा नामक एक नर्तकी थी। अपने मादक नेत्र कटाक्ष और नृत्य के कोमल उत्तेजक हाव-भाव से उसने पूरे भारतवर्ष के लोगों को या यूँ कहें कि संपूर्ण त्रिखंडवासियों को अपना आशिक बना लिया था। अपने पदन्यासों से रंगमहल में प्रवेश करने से पूर्व ही उसके नूपुरों के मधुर-मंजुल स्वर एवं नूपुर नाद से रसिक मदहोश हो जाते थे। उसके नाम के उच्चारण मात्र से ही मदिरा महफिल के दिलफेंक दीवाने घायल हो जाया करते थे। उसकी बुद्धिमत्ता की चर्चा को विद्वत्सभा में एक मनोरंजक उत्थान मिलता था। शास्त्रवचनों एवं संवादों से उसने अच्छे-अच्छे पंडितों एवं विद्वानों को अपना गुलाम बना लिया था। ऐसी रूप संपन्न, तेजस्वी यौवना, विदुषी राजधानी के राजमार्ग से जब खुली पालकी में बैठकर गुजरती तो स्त्रियों के भी शरीर में बिजली सी कौंध जाती। सड़कों पर चलनेवाले राहगीर भी पलभर के लिए ठहर जाते। संयमी साधु भी इसके अपवाद नहीं थे।

परंतु एक बार विचित्र घटित हुआ। एक संन्यासी उसी राजमार्ग से गुजर रहा था, जहाँ से वह नर्तकी गुजर रही थी। उसके गुजरने के समय, जो मान-सम्मान तथा अचंभे का दृश्य था, उससे बेखबर अपनी ही धुन में वह संन्यासी चला जा रहा था। सड़क पर चलनेवालों को एक बार देखने के बाद भी उसने उनका अनुकरण नहीं किया। उस नर्तकी को इस बात का आश्चर्य हुआ कि आखिर यह व्यक्ति है कौन, जो उससे प्रभावित नहीं हुआ? परंतु दूसरे ही क्षण वह उस व्यक्ति से द्वेष करने लगी और क्रोधित भी हो गई।

अपनी दासियों के माध्यम से उसने उस युवा संन्यासी की तलाश की।

उसके बाद राजा के कान भरते हुए उसे पकड़कर राजदरबार में ले आने की व्यवस्था की गई। इसके उपरांत एकांत में उसे अपने रंगमहल में पेश करवाया।

बड़े आदर और नम्रता से उस नर्तकी ने संन्यासी का स्वागत किया। बड़े-बड़े थालों में सजे फलों, स्वर्णपात्र में लाए केशरी दूध एवं नक्काशीदार तश्तरियों में रखे मिष्ठान्नों को स्पर्श न करते हुए उस युवा संन्यासी ने उसकी नजरों से नजरें, निर्भयता से मिलाते हुए बड़ी सौम्यता से नकार दिया।

''देवी!'' संन्यासी बोला, ''तुमने जो आदरातिथ्य किया, उससे कोई भी प्रभावित हो सकता है। मैं भी प्रसन्न हुआ, किंतु तुम्हारे इस स्वागत को मैं स्वीकार नहीं कर सकता, इसलिए मैं क्षमा चाहता हूँ।''

''मैं एक गणिका हूँ, इसलिए आप यह स्वीकार नहीं कर रहे हैं क्या?''

''नहीं-नहीं! ऐसी कोई बात नहीं। जहाँ भगवान् भी इस रूप के मोह में आकर्षित हो जाएँ, ऐसा सुंदर अद्वितीय रूप तुम्हें उसी भगवान् ने दिया है, साथ ही संन्यासी भी लज्जित हो जाएँ, ऐसी तटस्थता भी तुममें है। तुम्हारी इस शोहरत से सभी परिचित हैं। साक्षात् बृहस्पति ने बड़े प्रयत्न से तुम्हारी बुद्धि और दिमाग को बनाया है, ऐसा मेरे ज्ञानी मित्रों ने मुझे तुम्हारे बारे में बताया है। अतः तुम्हारे घर के खाद्य पदार्थ मंदिर के प्रसाद से भी अधिक पवित्र हैं।''

इस बात से अत्यंत पुलकित होते हुए तिलोत्तमा बोली, ''महाराज! आपकी अद्भुत प्रसन्न मुद्रा और युवा शरीर को देखते ही मैं आप पर मोहित हो गई हूँ। इतना रूपसंपन्न संयमी योगी आखिर है कौन? इसकी मैंने जानकारी करवाई तो मुझे ज्ञात हुआ कि आप किसी दूरदेश के राजपुत्र हैं और आपने सिद्धार्थ की तरह संन्यास ले लिया है। सोलह विद्याओं, चौंसठ कलाओं, चारों वेद एवं दसों उपनिषदों तथा शस्त्रनैपुण्य और अस्त्रकुशलता के आप धनी हैं ही, साथ ही आयुर्विज्ञान और ब्रह्मोपासना के भी आप उपासक हैं।''

''ललिते!'' संन्यासी ने कहा, ''तुम्हारी क्या इच्छा है? परम शक्तिमान उस परमेश्वर ने तुम्हारी कोई मंशा अधूरी छोड़ दी है क्या?''

''महाराज! मेरे मन की इच्छा आप पूर्ण कर सकते हैं।''

''बोलो!''

"आप मेरे साथ सहवास करें। यदि आप मेरी इस इच्छा को पूर्ण करते हैं तो मेरे मन में कोई भी इच्छा, कामना या वासना पुनः जाग्रत् नहीं होगी।"

इस पर संन्यासी धीमे से मुसकाया।

"कामिनी! मनुष्य की इच्छाएँ मृत्यु तक तृप्त नहीं होतीं। तथापि अस्तु! मैं तुम्हारी इच्छा पूरी करूँगा, मैं तुम्हें वचन देता हूँ।...ठहरो! अभी तुरंत इतना आनंदविभोर मत हो जाओ। मैं यथासमय तुम्हारा शय्या सहचर बनूँगा। इस समय मुझे अनुमति दो।"

तिलोत्तमा के दरबार से निकला वह संन्यासी किस ओर गया, यह उसकी दासियों और राजा के गुप्तचरों को फिर कभी पता ही नहीं चला। कालांतर में वह भी उसे भूल गई और अपने रंगविभ्रम में खो गई।

समय का चक्र घूमता रहा...। कुछ वर्ष बाद वह कुष्ठरोग का शिकार हो गई। उसे उसके महल से ही निकाल दिया गया। उसके दर्शन मात्र से तृप्त होनेवाले लोग अब उसे देखते ही घृणा करने लगे। आजीविका चलाने के लिए उसने भिक्षा माँगना शुरू कर दिया। इस पर भी लोग कहर ढाते, उसे देखते ही दरवाजे बंद करने लगे। लोगों की गरदनें अब विपरीत दिशा में घूमने लगीं। महापंडितों को अब उसके विचारों से भी संशय होने लगा। रोगग्रस्त तिलोत्तमा गाँव के बाहर सड़क के किनारे गुजारा करने लगी।

एक बार, रात्रि के समय वह ऐसे ही सड़क पर पड़ी थी, सामने देखती है कि कोई व्यक्ति हाथ में कंदील (दीया) लिये उसकी ओर चला आ रहा है।

"कौन?" उसने उठकर बैठते हुए पूछा।

दीया उसके चेहरे के सामने ले जाते हुए संन्यासी बोला, "तिलोत्तमे?"

"हाँ।"

"मैं तुम्हें ही तलाश रहा था। तुम्हारे बारे में मुझे दूर किसी जंगल में जानकारी मिली, इसीलिए में यहाँ आया हूँ।"

तिलोत्तमा का सौंदर्य नष्ट हो गया था। उसका चेहरा अब घायल, बेबस शेरनी की तरह नजर आ रहा था। यह देखकर संन्यासी दुःखी हुआ। उसके हाथों और पैरों की उँगलियों पर कपड़े बँधे हुए थे। मोहक अदाकारी से भरे

अंग अब कुरूप हो चुके थे। यह देखकर उस संन्यासी को अत्यंत दुःख हुआ। उसका मन दहल गया।

इतने वर्षों बाद, मानवीय स्पर्श को अब असहनीय महसूस करने लगी थी। ''नहीं, नहीं! मुझे स्पर्श न करें।'' वह भयभीत होकर बोली।

''तिलोत्तमे! मैं अपना वचन निभाने आया हूँ...डरो नहीं। तुम्हें रोग हो गया है, इसलिए घृणाभाव से मैं दूर चला जाऊँगा या फिर दया-भाव से संगत करूँगा, ऐसा कुछ भी न समझो। जब तुम्हें मेरी जरूरत नहीं थी, ऐसे समय में हमबिस्तर होने की बजाय, आज जब तुम्हें सचमुच जरूरत है, ऐसे में तुमसे हमबिस्तर होना उचित नहीं है क्या? बेचैन होने की जरूरत नहीं है। मैं तुम्हारे उस अर्थ से हमबिस्तर नहीं हो रहा हूँ, बल्कि तुम्हारी शैय्या, जो जमीन है, उससे एक हाथ दूर ही मैं शयन करनेवाला हूँ...''

''नहीं! नहीं। मेरा रोग आपको लग जाए, ऐसा मैं बिल्कुल नहीं चाहती। आप भले इनसान हैं।''

''पगली! महारोगी का रोग, दूसरे को हवा-पानी या संसर्ग से नहीं होता, यह मैं जानता हूँ। स्पर्श मात्र से नहीं, बल्कि बार-बार के निकट स्पर्श से हो सकता है। पर तुरंत संसर्ग हो जाता है, ऐसा भी नहीं है। इसलिए मुझमें धैर्य है, ऐसा भी मत समझना। मैंने एक और बात का निरीक्षण किया है कि तुम जैसे रोगियों का किसी से भी स्पर्श नहीं होता है, फिर भी यह रोग फैलता है, लोगों को होता ही है। इसका अर्थ यह है कि तुम जैसे लोगों के कारण यह रोग नहीं फैलता है, विशेषतः जो कुरूप हैं या विद्रुप हैं उनसे। बल्कि ऐसे रोगी, जो विद्रुप या कुरूप नहीं हैं, ऐसे रोगियों से यह रोग फैलता है। आखिर तुम्हें भी यह रोग किसी के संसर्ग से ही हुआ होगा। बचपन में जिसके संपर्क में तुम प्रायः आया करती थी या फिर जवानी में जिसके साथ तुमने नित्य संगत की हो, ऐसे व्यक्ति के स्पर्श से। वह अप्रकट रोगी अब भी इसी समाज में कहीं मौजूद होगा। तुम जैसी कुरूप स्त्री की सेवा के लिए तुमसे एक हाथ दूर मैं सोऊँगा, इसमें कोई मर्दानगी नहीं है। तुम्हारा रोग फैलना बिल्कुल ही संभव नहीं है। इसका ज्ञान है मुझे। तुम्हारा रोग यदि

फैलनेवाला होता तो मैं भी अपना बचाव कर लेता। बल्कि आवश्यक दया-भाव का प्रदर्शन करते हुए मैं अपने आपको सुरक्षित रखता।''

यह सुनकर तिलोत्तमा आनंदित हुई और बोली, ''महाराज, मेरे रोग को नष्ट करने के बारे में आप मुझे कुछ बताएँगे न?''

''तिलोत्तमे! दुर्भाग्य से मुझे ऐसी किसी भी औषधि के बारे में जानकारी नहीं है, परंतु तुम्हें एक बात बता सकता हूँ कि तुम्हारी उँगलियों की संवेदनाएँ नष्ट हो गई हैं, इसलिए स्पर्श करते समय तुम्हें सावधानी बरतनी चाहिए। मैं तुम्हारे जख्मों का उपचार करते हुए तुम्हें स्वस्थ करने की कोशिश करूँगा। उसके बाद जब तुम स्वस्थ हो जाओगी, तब मैं चला जाऊँगा। फिर तुम्हें अपनी देखभाल स्वयं करनी होगी।''

''किंतु मैं तो कुष्ठ रोगी हूँ, इसलिए मुझे कुष्ठरोग के जख्म होते ही रहेंगे।''

''पगली!'' संन्यासी ने कहा, ''जख्म कुष्ठरोग के नहीं होते हैं, वे बाहर से होते हैं। चेतना-हीनता के कारण रोगी जख्मों को महसूस नहीं कर पाता है। इसके बाद ये जख्म फैलते जाते हैं। तुम यदि सावधानी बरतोगी तो तुम्हारे ह्राथ-पैर में कपड़े बाँधने की जरूरत नहीं पड़ेगी।''

''क्या मैं फिर से समाज में शामिल हो पाऊँगी?''

''इसमें अनिष्ट तो कुछ भी नहीं है, लेकिन अज्ञानी लोग तुम्हें ऐसा नहीं करने देंगे, ऐसा मुझे लगता है।''

हताश मन से उस काँच में जल रही ज्योति की ओर देखते हुए तिलोत्तमा ने कहा, ''महाराज! महारोगी भिखारियों के कारण यह रोग फैलता है, ऐसा लोग ताना मारते हैं और कर्कश गालियाँ देकर मुझे भगा देते हैं।''

इस पर संन्यासी मुसकराया, ''समाज कितना पागल है! भिखारियों के कारण महारोग नहीं होता है, बल्कि महारोग के कारण लोग भिखारी बन जाते हैं। तुम्हारे अपने उदाहरण से यह बात स्पष्ट होती है, यह लोगों को समझना चाहिए।...अरे!...अरे! सँभालो, अपने हाथ को, वह काँच गरम है। तुम्हें उसका स्पर्श महसूस नहीं होगा, किंतु अग्नि अपना काम तुरंत करेगी।

फिर पगली तिलोत्तमा को लगेगा कि हाथों का जख्म, जलने के कारण नहीं बल्कि महारोग के कारण है।'' कहते हुए संन्यासी दिल खोलकर हँसने लगा।

तिलोत्तमा को बहुत अच्छा लगा। वह भी दिल खोलकर सवाल-जवाब करने लगी, ''इतने लोगों को छोड़कर आखिर यह रोग मुझे ही क्यों हुआ? क्या मैं निर्बुद्ध महिला थी?''

''निर्बुद्ध नहीं, पर पागल जरूर हो तुम तिलोत्तमा!'' उसके सिर पर हाथ रखते हुए उस संन्यासी ने कहा, ''इस रोग का बुद्धि से कोई संबंध नहीं है। बल्कि शारीरिक तंतुओं से है। मस्तिष्क की ओर संदेश ले जानेवाली कोशिकाओं से उसका संबंध है, पर बुद्धि से तिल मात्र भी संबंध नहीं है।''

''किंतु यह रोग बंदरों या अन्य जानवरों को तो होता नहीं?'' तिलोत्तमा ने संन्यासी से पूछा।

''नहीं होता, इन कीटाणुओं को मानवीय शरीर में रहना शायद अधिक पसंद होगा।''

''ऐसा आप कह रहे हैं, किंतु आयुर्विज्ञान के पंडितों को यह शोध करना चाहिए कि महारोगियों के कीटाणुओं को मानव शरीर ही क्यों पसंद है? इनसानों को ही केवल बुद्धि होती है, जानवरों को नहीं, इसीलिए न?''

तिलोत्तमा, महारोग से पीड़ित थी, फिर भी उसकी बुद्धि अभी तेज है, यह जानकर संन्यासी को संतोष हुआ।

□

1951

"अप्पा!" डॉ. रावेरकर बोल रहे थे, "इस रोग के ठीक हो जाने के बाद पूरा जीवन कुष्ठ रोगियों की सेवा में बिताने की तुम्हारी कल्पना वास्तव में बहुत अच्छी है, पर यह एक कठिन व्रत है।"

"डॉक्टर!" वासुदेव मार्जनी ने कहा, "मैं अपने निर्णय का पक्का हूँ।"

"तुम एक आदर्श पेशेंट हो और जिज्ञासु विद्यार्थी हो सकते हो, ऐसा मुझे लगता है, परंतु इस रोग की ओर देखने की तुम्हारी दृष्टि निष्पक्ष नहीं है, ऐसा मैंने महसूस किया है।"

"वह कैसे?" वासुदेव ने पूछा।

"स्पष्ट और विस्तार से बताऊँ?"

"जी, बताइए।"

"फिर सुनो! तुमने प्राचीन समय के महारोगियों के संदर्भ में सुना ही होगा। रामायण काल के पूर्व का समय और जीसस (येशू) के समय का काल, पुरातन ग्रीक, रोमन, इजिप्शियन, चीनी कालखंड के संदर्भ वगैरह। इतिहास की बड़ी-बड़ी धाराओं के बीच क्या मिलेगी कोई जगह इन छोटी-छोटी लहरों को?"

"हाँ, सुना है। उसका क्या संदर्भ है?"

"उस काल से लेकर आज तक कुष्ठ रोगियों के लिए एक ही मार्ग था, गाँव के बाहर जाना। उन्हें समाज से दूर रखना बस, यही उपाय था। एक ही स्थान, दूर-गाँव से दूर कहीं, उनकी बस्ती बसाना। भारत में मिशनरियों ने भी यही किया। मनोहर दिवाण ने भी दत्तपुर में ही आश्रम बनाया। आज तक इसी

मार्ग उचित माना गया है। संसर्ग को टालने के लिए यही एक उपाय था। इसके अलावा कुष्ठरोग की ओर जिसने सेवाभाव से देखा, उसकी दृष्टि भी दयाभाव तक ही सीमित थी। डॉक्टरी पेशे से जुड़े लोग इस क्षेत्र की ओर मुड़े ही नहीं। इस ओर मुड़ेंगे, ऐसा लगता भी नहीं। लोग कुष्ठरोग से कितना घबराते हैं? ऐसा तुम्हें नहीं लगता है?...कुष्ठ रोग की पुस्तकों से भी लोग दूर भागते हैं, यह कैसे थमेगा आखिर? तुम इस बारे में क्या सोचते हो?''

वासुदेव कुछ भी नहीं बोला।

डॉक्टर आगे और क्या कहेंगे, इस बारे में सोचने लगा, बल्कि इंतजार करने लगा।

''अप्पा! तुम कौन सा दृष्टिकोण अपनाते हो, इस पर तुम्हारे इस मिशन का भविष्य निर्भर है। यथार्थवादी डॉक्टरी दृष्टिकोण या फिर दयावादी खादी का मार्ग स्वीकार करोगे?''

''डॉक्टर! खादी तो आप भी पहनते हैं, फिर खादी पर यह नाराजगी क्यों?''

''विषय मत बदलो।...बाय दि वे, खादी पर मेरी नाराजगी बिल्कुल नहीं। मैं खादी ही पहनता हूँ, इसके पीछे विशेष उद्‌देश्य है। व्यक्तिगत निष्ठा और अटैचमेंट भी है।...चलो, इसी बात पर विचार करते हैं। कुष्ठ रोगियों को जितनी सहानुभूति की जरूरत है, उन्हें उतना देते हुए, वैज्ञानिक दृष्टिकोण अपनाते हुए, कुष्ठरोग नष्ट करने की कोशिश करोगे या नहीं?''

वासुदेव चतुर था। डॉक्टर से वह अनेक प्रकार की शिक्षा ग्रहण कर रहा था, पर डॉक्टर की बातों का उस पर कोई असर नहीं हो रहा था।

दोनों चलते-चलते बगीचे के कंपाउंड से निकलकर सड़क पर आ गए। बड़ी कड़ाके की धूप थी। आसमान दहक रहा था। डॉक्टर ने कानों पर बँधे रूमाल को ठीक किया और वे दोनों एक पेड़ की छाया में खड़े हो गए। डॉक्टर ने अपनी साइकिल स्टैंड पर खड़ी की। हैंडिल से लटक रही थैली से पान का डिब्बा निकाला, कॅरियर पर डिब्बा रखते हुए सीट पर वे अपना पान लगाने लगे। कोई कुछ नहीं बोल रहा था।

पान पर बड़े चाव से चूना लगाया जा रहा है या फिर डॉक्टर विचारों में मग्न हैं, यह वासुदेव समझ नहीं पा रहा था।

''कुष्ठरोगी को घर से बाहर निकालना, गाँव से निकालना, यह इंसानियत से परे है, ऐसा तुम्हें नहीं लगता?'' डॉक्टर साहब ने पूछा।

''लगता है, पर इसका कोई उपाय भी तो नहीं है।''

''है! उपाय है, रोगी को घर पर ही रखा जाना चाहिए। घर से ही इलाज होना चाहिए।''

''इससे तो कुष्ठ रोग का संसर्ग बढ़ेगा। कुष्ठ रोगियों की संख्या बढ़ेगी।'' वासुदेव अधूरे विश्वास के साथ बोल रहा था। डॉ. रावेरकर नामक यह व्यक्ति कहीं विक्षिप्त तो नहीं है! ऐसा उसे लग रहा था। अपनी इस धारणा को वह पक्का मान रहा था; क्योंकि कुछ दिन पहले ही डॉक्टर ने उससे कहा था कि तुम अब स्वस्थ हो गए हो और कुष्ठ सेवा के बारे में सोच रहे हो। तुम्हारी एक बेटी है, वही काफी है, अब इसके आगे सुअरों की तरह संतान मत पैदा करना, अन्यथा घर-गृहस्थी में फँस जाओगे और सेवा की भावना चली जाएगी, बारह के भाव में।''

अब डॉक्टर साहब का सुर कुछ अलग था, इसलिए वासुदेव तय नहीं कर पा रहा था कि आम आदमी की तरह, डॉक्टर की बातें उसे जली-कटी जैसी लगीं या फिर सोफिस्टीकेटेड आई.सी.एस. अधिकारी को चुभ गईं। किंतु यह आदमी कुछ विक्षिप्त है, ऐसा उसे लगने लगा।

''रोगी को घर में रखने से यदि कुष्ठरोग का प्रसार होता है, तो बाहर रखने से अब तक रोगियों की संख्या कम हो जानी चाहिए थी।'' पान पर कत्था लगाते डॉक्टर ने पहेली की तरह बात सामने रखी। वासुदेव के चेहरे की ओर देखते हुए डॉक्टर बोले, ''रोगी को घर में भी अकेला रखा जा सकता है, वैसे अब इसकी भी अधिक जरूरत नहीं होगी।''

डॉक्टर का यह कथन वासुदेव को महज एक सपना लग रहा था।

''हजारों आश्रम खुले,'' डॉक्टर कह रहे थे, ''हजारों संस्थाएँ बनीं, फिर भी कुष्ठरोग नष्ट नहीं हो रहा है। संख्या घट नहीं रही है, सिवाय इसके कि

रोगियों को परित्यक्त का अपमानित जीवन जीना पड़ रहा है। एक बार रोगी आश्रम गया तो घर वापस नहीं आता है। उसे कोई वापस भेजता भी नहीं और घर में उसे कोई स्वीकार भी नहीं करता। इसका मतलब है कि एक बार रोग के लक्षण दिखाई देने लगें तो सबकुछ नष्ट हो गया समझो। सबकी दृष्टि में वह मनुष्य मृतक समान हो जाता है।''

''आखिर क्या करना चाहिए?'' वासुदेव ने ध्यान न देते हुए पूछा। सुपारी कतरते-कतरते एकाग्रता के स्वर में डॉक्टर बोले, ''रोगी को घर में रखने से कुछ रिस्क जरूर है। खतरा नहीं है, ऐसा मैं नहीं कहता, किंतु उसे घर में रखने से सामाजिक समस्या पूर्णत: खत्म हो जाएगी, इस निष्कर्ष पर मैं चार-पाँच साल पहले ही पहुँच गया हूँ। तुम खुद यह अनुभव कर रहे हो कि कुष्ठरोग ठीक हो जाता है। कुछ दिनों तक रोगी को घर में ही एकांतवास में रखना क्या उचित नहीं होगा?''

''जिनके पास बड़ा घर नहीं होगा···?''

''वही तो मैं कह रहा हूँ।'' डॉक्टर ने पान पर सुपारी रखते हुए कहा, ''उन्हें कुछ दिनों तक अस्पताल में भरती करा दिया जाए···एक साधारण रोगी की तरह, फिर उन्हें घर वापस भेज दिया जाए। आश्रम में भरती करने का मतलब है कि कुष्ठ रोग की समस्या को और जटिल बनाना। पुराने जमाने में ठीक था, पर अब तो वह स्वस्थ हो सकता है। तुम लोगों को शिक्षित करो, जनजागृति पैदा करो और अस्पताल बनवाओ। आश्रम बनाने की मूर्खता मत करो। जुगनू की बजाय दीप बनो।''

डॉक्टर ने पान पर पेपरमिंट डाला। पान लपेटकर उसमें लौंग खोंसी। वासुदेव का उनके बोलने पर विशेष ध्यान नहीं है, यह बात डॉक्टर महसूस कर रहे थे। पर आखिर मेरी बात को सुनता ही कौन है? उन्हें तो यह अनुभव था ही। वासुदेव अपने कार्य से भारत का ही नहीं, बल्कि सारे विश्व का प्रतिनिधित्व कर रहा है, यह उन्हें स्पष्ट दिखाई दे रहा था, किंतु इससे हताश होने की बजाय वैज्ञानिक दृष्टिकोण का प्रचार करना, ही उनका मिशन था और एक दिन ऐसा आएगा, जब सारा संसार इस कथन को स्वीकार करेगा,

इस बात का उन्हें पूरा भरोसा था। मन में आत्मविश्वास था। इकलौता उजाला था, जिस पर टिकी थीं उम्मीदों की आँखें।

"आश्रम बंद हो या फिर इसका रूपांतरण अस्पताल में किया जाना चाहिए," डॉक्टर साहब ने समझाया, "कई बार परिवार का कमाऊ एवं मुख्य व्यक्ति कुष्ठरोग से पीड़ित हो जाता है, परिणामतः पूरा परिवार पक्षाघात का शिकार हो जाता है। घर को पैरालाइज करने की बजाय, कमाऊ सदस्य होने के नाते उस रोगी को उसके घर भेजना ही वास्तव में एक महान् राष्ट्रीय एवं सामाजिक कार्य है। मठों की संख्या नहीं बढ़ानी है। आश्रम, इस समस्या का उचित समाधान नहीं हो सकता है।"

डॉक्टर ने पान मुँह में दबाया और होंठ बंद करते हुए धीरे-धीरे चबाने लगे। बड़े चाव से पान का आनंद लेने लगे।

"इसमें कॅलकुलेटेड रिस्क है।" डॉक्टर ने कहा, "यदि इस तरह का थोड़ा रिस्क लेते हैं तो कुछ बिगड़ेगा नहीं। लोगों में जागृति लाना जरूरी है।"

वासुदेव स्तब्ध होकर सबकुछ सुन रहा था।

"अब देश स्वतंत्र हो गया है और इससे भी बड़ी बात यह है कि अब दवाइयाँ उपलब्ध हैं, जिसके कारण इस रोग की भयावहता अब बहुत कम हो गई है। तुम मेरी संस्था की तरह एक संस्था बनाओ। मेरी संस्था कुष्ठ रोगियों को पुचकारती नहीं है। सारा विश्व रिलीफ और रूटीन में काम कर रहा है, लेकिन हम इस समस्या को हौव्वा नहीं बनाते, यही हमारा महत्त्वपूर्ण काम है और मिशन भी।"

अब वासुदेव से रहा नहीं गया। कुष्ठरोग का अनुभव तो उसे हो ही रहा था। यह समस्या शरीर, मन, परिवार एवं सामाजिक स्तर पर कितनी भयंकर और नाजुक है, इन अनुभवों से भी वह गुजर रहा था। सामाजिक दृष्टिकोण से भी वह परिचित था।

"डॉक्टर!" वासुदेव बोला, "आप क्या जानकारी रखते हैं? आप मुझे ठीक कर रहे हैं। मेरा इलाज कर रहे हैं, यह सब तो ठीक है। मैंने भी उच्च शिक्षा प्राप्त की है। एक समय था, जब पूरा समाज बहुत आदर के साथ मेरी

ओर देखता था और अब?…गले हुए गंदे कपड़े जितनी भी मेरी मान्यता नहीं है। मैं महारोगी हूँ। रोगी या रोगमुक्त स्वस्थ! मेरी प्रतिष्ठा आज शून्य है। यदि मेरी यह दशा है तो अन्यों की क्या व्यथा होगी? महारोगी भी एक इनसान होता है। उसके सपने, उसकी आशा, उसकी आकांक्षाओं को नीलाम चढ़ाना कहाँ तक उचित है? आखिर कुष्ठ रोगी भी तो मनुष्य होता है। उसे समाज में मान-प्रतिष्ठा भले न मिले, किंतु मानवता की पहचान तो उसे अवश्य मिलनी चाहिए। यही मेरी अपेक्षा है। उसकी ओर दया से नहीं, बल्कि सहानुभूति की दृष्टि से देखने की जरूरत है।"

डॉक्टर हँसे, फिर बोले, "तुम्हारे इन विचारों से मैं सौ फीसदी सहमत हूँ।"

डॉक्टर विक्षिप्त है, इस बात पर यकीन करते हुए वासुदेव बेमन से उनकी ओर देख रहा था।

डॉक्टर बोले, "यही मैं तुम्हें बड़ी देर से बता रहा हूँ, किंतु तुम समझ नहीं रहे हो। फालतू बकवास नहीं की मैंने। स्पष्ट रूप से इस बारे में मार्गदर्शन किया। रोगी का पुनर्वसन घर में ही करने से उसकी प्रतिष्ठा कायम रहेगी।"

"यह कौन सा मार्ग है?" वासुदेव अप्पा ने पूछा, "कुष्ठरोगी को घर में बैठाकर इस रोग को फैलने का मौका दिया जाए?"

"अप्पा!" डॉक्टर ने बड़ी शांति से कहा, "तुम ही नहीं, सभी मुझ पर यही आरोप लगा रहे हैं। सरकार, अग्रणी कार्यकर्तागण, आम लोग, डॉक्टर्स…सभी…सभी लोगों का विरोध है मेरी इस कल्पना पर। तुम्हें लगता है न, कि मेरी योजना रोग फैलाने वाली है, किंतु हर एक के जीवन में एक दिन ऐसा जरूर आएगा और उस दिन तुम लोगों को लगेगा कि डॉ. रावेरकर विक्षिप्त नहीं था। वह द्रष्टा था। कुष्ठरोग निवारण के कार्य का नुकसान उसने नहीं किया, बल्कि हमारी सोच ने कुष्ठरोग निवारण कार्य को असीमित हानि पहुँचाई है। अप्पा! तुम मुझे पसंद हो, तुम भी इस कार्य को करना चाहते हो, इसलिए आश्रम मार्ग के न्यूनताओं को मैंने बताया। तुम्हें पछताने की नौबत न आए, इसीलिए मैंने तुम्हें इन बातों से अवगत कराया।"

"तो क्या आश्रम खोलनेवालों को हम मूर्ख मान लें?"

"नहीं! नहीं, बिल्कुल नहीं! बल्कि उनके अहंभाव और बड़बोलेपन की भावना को समर्थन मिलने लगता है। क्योंकि ऐसे लोगों के प्रति लोग अधिक श्रद्धाभाव रखते हैं। जो हम नहीं कर सकते, वह कार्य यदि दूसरा करता है तो उसके प्रति या तो द्वेष की भावना उत्पन्न होती है या फिर पूजाभाव का निर्माण होता है। तुम आश्रम अवश्य बनाओ। कुछ लोग तुम्हें भगवान् मानने लगेंगे तो कुछ लोग दानव, लेकिन अपनी आरती उतरवाने का सुख तुम्हें अवश्य मिलेगा। अपनी आरती उतरवाने की क्षमता मूर्खों में होती है, यह भला मैं कैसे कह सकता हूँ! चतुर आदमी ही अंधविश्वासी लोगों के बीच 'साधु' बनने की कोशिश करता है। वास्तव में तुम्हें मानव सेवा का महान् कार्य करना है या फिर ढिंढोरा पीटते घूमना है, सारा दारोमदार इसी पर टिका है। तुम स्वयं सोचो तुम्हें क्या करना है!"

डॉक्टर ने पैर मारते हुए साइकिल को स्टैंड से निकाला और अब दोनों साथ चलने लगे।

"कुछ बातों की तुम अभी से मन में गाँठ बाँध लो, यही अच्छा है।" डॉक्टर बोले, "महारोग और सर्दी-जुकाम में कुछ भी अंतर नहीं है।"

वासुदेव अप्पा क्षणभर के लिए चकित हो गया और फिर एकदम हँसने लगा।

"अप्पा! इस तरह से हँसनेवाले तुम पहले व्यक्ति नहीं हो, किंतु मेरी बातें, मेरे विचार, जितनी जल्दी लोग स्वीकार कर लेंगे, उतनी ही जल्दी कुष्ठ समस्या का समाधान होगा। मैं जो भी बोल रहा हूँ, इसका प्रसार करनेवाले जाग्रत् लोक शिक्षकों की मुझे बड़ी जरूरत है। यह बात मैं तुममें देख रहा हूँ।"

"कुष्ठ और सर्दी दोनों एक जैसे हैं। यह भला कैसे? जरा सिद्ध तो करें, प्लीज!" अप्पा ने पूछा।

"कुष्ठ संसर्गजन्य है, सर्दी भी संसर्गजन्य है।"

"ठीक है।"

''कुष्ठ ठीक होता है, सर्दी भी ठीक हो जाती है।''

''किंतु कुष्ठ में जो शारीरिक विकृति आती है, वह सर्दी में कहाँ आती है।'' अप्पा ने पूछा।''

''कुष्ठ को यदि छिपाया जाए और उसका यथासमय इलाज ही न किया जाए, तब यह कुरूपता आती है, एकदम एडवांस स्टेज में। इसके विपरीत सर्दी को इतने दिन रखें तो मनुष्य पूरी तरह गल जाएगा।''

''ठीक है।'' उपहासात्मक हँसी हँसते हुए वासुदेव बोला।

''कुष्ठ में कोई तकलीफ नहीं होती, बल्कि सर्दी में तकलीफ होती है।''

''ठीक है।''

''कुष्ठ को ठीक होने में सर्दी की अपेक्षा अधिक दिन लगते हैं, बस इतना ही।''

''ठीक।''

''लोग सर्दी के संसर्ग से नहीं घबराते पर कुष्ठ के संसर्ग से डरते हैं, क्योंकि सर्दी होने पर कोई उन्हें घर से नहीं भगाता है, लेकिन कुष्ठ होने पर व्यक्ति को समाज से निकाल दिया जाता है। अतः यह समस्या सिर्फ चिकित्सकीय न होकर सामाजिक भी है।''

वासुदेव रुका और अविश्वास भरी मुद्रा में डॉक्टर की ओर देखने लगा। डॉक्टर भी रुक गए। वे खादी के बंगालीनुमा कुरते की जेब से एक क्लिप निकालते थोड़ा झुके और पैजामे की मोहड़ी को मोड़ते हुए उस क्लिप को उसमें लगा दिया। खड़े होकर वे पुनः वासुदेव से बोले, ''अप्पा! जनमानस में कुष्ठ की तुलना सर्दी से करने का मतलब है, इस पृथ्वी से कुष्ठरोग को नष्ट करना। यह बड़ा ही महत्त्वपूर्ण कार्य है। सोशल मेडिसिन को जनरल मेडिसिन में परिवर्तित करने की प्रक्रिया ही कुष्ठरोग को नष्ट करने की प्रारंभिक सीढ़ी हो सकती है।''

डॉक्टर साइकिल पर सवार हो गए और गाँव की दिशा की ओर रवाना हुए। आँखों से ओझल होने तक वासुदेव उन्हें देखता रहा।

□

1987

मुंबई के हाफकिन इंस्टीट्यूट में कुष्ठ रोग निवारक टीके का निर्माण हो गया है, यह खबर बड़ी जल्दी में डॉ. जोशी ने वर्धा रेलवे स्टेशन पर मुझे सुनाई। अर्थात् अब घरवाले इस टीके को लगाकर अपने घर में सांसर्गिक महारोगी को भी रख सकते हैं। अब इसमें कोई खतरा नहीं है। कुष्ठरोग निदान की दिशा में यह एक बड़ी उपलब्धि थी।

□

1984

जलगाँव साहित्य-सम्मेलन में शामिल होने के लिए वरिष्ठ बांग्ला लेखक सुखेंदु नागचौधरी कलकत्ता से रवाना हुए, किंतु अप्पा से मिलने के लिए वे वर्धा उतर गए। अप्पा से मिलकर ही वे आगे रवाना होने वाले थे।

''इस बार भावे गुरुजी को सम्मेलनाध्यक्ष होना चाहिए था। आप सम्मेलन में जा रहे हैं, यह आश्चर्य की बात है।'' अप्पा बोले।

''मुझे आपके महाराष्ट्र के साहित्यकारों की विशेष जानकारी नहीं है।''

''मेरा दलित विरोधी होना असंभव है। यह सभी जानते हैं। शंकरराव से मेरा विरोध नहीं है, किंतु संस्था के लोगों ने मेरी बात नहीं मानी। देखिए! यदि आप सम्मेलन में जाना ही चाहते हैं, तो मैं भला कौन होता हूँ आपको रोकनेवाला?''

''मेरा वहाँ जाना कोई बहुत महत्त्वपूर्ण नहीं है।''

''यदि आप आए ही हैं तो ठहरिए यहाँ चार दिन! बहुत दिनों बाद हम लोग मिल रहे हैं, कुछ बातें होंगी।''

वरिष्ठ बांग्ला लेखक सुखेंदु नागचौधरी जलगाँव जाने की बजाय उतने दिन उसी आश्रम में ठहर गए। मैं सम्मेलन में नहीं गया। बीमार था, इसलिए वर्धा में अर्थात् घर पर ही था। प्रोफेसर भालेराव ने मुझसे पूछा, ''नागचौधरी से मिलने चलोगे?'' मैंने हामी भर दी और उसके स्कूटर पर बैठ गया। कुछ ही समय बाद हम आश्रम पहुँच गए। वहाँ पहुँचने पर इस बात की जानकारी मिली कि बंगाल के साहित्यकार नागचौधरी, साहित्य-सम्मेलन जाने की बजाय अप्पा के आग्रह पर वहीं 'सुखनिधान' आश्रम में ही रुक गए।

''अप्पा की इच्छा के विपरीत यदि कोई काम करे, यह आजकल उन्हें पसंद नहीं,'' मैंने कहा।

''यह सब तो होता ही है।'' लेखक ने कहा।

''अप्पा के आदेश का पालन न होने पर नाराजगी व्यक्त करना आजकल बिल्कुल आम बात हो गई है।''

भालेराव मुझे आँखों के इशारे से रोकने की कोशिश कर रहा था। मैंने नाहक ही इसे चलने के लिए कहा, ऐसा उसे लग रहा होगा।

''बंड्या! अभी-अभी बीमारी से उठा है'', भालेराव बोला, ''इसलिए कुछ भी बक देता है। उसकी बात का बुरा मत मानना।''

''सच है!'' मैंने कहा, ''अप्पा की, कोई स्वयं आकर मदद करता है तो उन्हें गुस्सा आ जाता है। परसों नागपुर से एक सीमेंट के ठेकेदार ने सीमेंट का एक ट्रक यहाँ खाली करवाया तो अप्पा ने उसे वापस जाने पर मजबूर कर दिया। दूसरे दिन किसी और व्यक्ति को फोन करके उन्होंने सीमेंट की बोरियाँ मँगवाईं। उसी ट्रक में सीमेंट की बोरियाँ लाई गईं, जो पहले लौटाई गई थीं। खुद आदेश देने के बाद उस पर हो रहे अमल को देखकर उन्हें आनंद आता है।''

नागचौधरी न चाहते हुए भी हँसे।

''आप उनसे मिलने आते और उनके मन में आपसे मिलने की इच्छा नहीं होती तो वे आपसे शायद नहीं मिलते। या फिर आप वरिष्ठ साहित्यकार हैं, इस नाते शायद आपसे ही बातें करते। दूर-दूर से आए श्रद्धालुओं से उनका संवाद शायद न हो, पर वे आपसे अब घंटों बातें करेंगे, घूमेंगे, क्योंकि अपना पूरा मूल कार्यक्रम स्थगित करके आप उनकी इच्छा का सम्मान करते हुए यहाँ रुक जो गए हैं।''

''जीवनभर दुःखों से एकाकी जूझनेवाले व्यक्ति का स्वभाव ऐसा हो ही जाता है। जरा उनके हाल-ए-दिल के बारे में भी तो सोचना चाहिए।''

सामाजिक दायित्वबोध के नाते, साहित्य के मनोविश्लेषण का मजाक उड़ानेवाला लेखक, विश्वसनीय व्यक्ति के मन के बारे में सोच रहा है, यह

देखकर मुझे आनंद हुआ।

संवाद को बीच में ही रोकते हुए भालेराव मुझे बाहर ले गया।

"तुम क्यों अप्पा के पीछे पड़े हो?" व्यथित होते हुए उसने पूछा।

"भालेराव! तुम किसी गलतफहमी का शिकार हो रहे हो।" मैंने कहा, "साल में एक घंटा भी मैं कुष्ठ समस्या पर विचार नहीं करता, फिर अप्पा के बारे में मैं कैसे सोचूँगा? अप्पा मेरे चिंतन का विषय नहीं हैं। मैंने कहीं कुछ लिखा है क्या?"

"फिर तुम क्यों भला हर किसी से अप्पा के बारे में कुछ भी कहते रहते हो?"

"सच बोलूँ?" मैंने पूछा, "अप्पा मुझे प्रिय हैं।"

भालेराव चुपचाप खड़ा रहा।

मैंने कहा, "इसलिए मुझे उनपर टीका-टिप्पणी करना अच्छा लगता है…अच्छे लगते हैं, इसलिए नहीं! गलतियाँ करते हैं इसलिए!…संसार में हजारों लोग गलतियाँ करते हैं, कौन उनके बारे में सोचता है? अप्पा चूकते हैं, इसलिए उनके प्रति मुझे ऐसा लगता है, क्योंकि वे मुझे प्रिय हैं। वे सचमुच महान् हैं। नंदादेवी शिखर ऊँचा है, एवरेस्ट नहीं। इस बात का मुझे दुःख है, इसीलिए मैं टिप्पणी करता हूँ। एक बात कहूँ? अप्पा को देखता हूँ तो लगता है कि अब कुछ ठीक नहीं। इस भ्रम की गुफा से अप्पाजी को बाहर निकलना चाहिए। यदि ऐसा होता है तो अप्पा साहब एवरेस्ट से भी ऊँचे हो जाएँगे।"

□

1982

इस वर्ष मंसूर कुमार सुख–सम्मेलन में नहीं आया। इससे सम्मेलन का मजा किरकिरा हो गया था। पिछले दस वर्षों से वह नियमित रूप से सम्मेलन में आ रहा था। मंसूर कुमार की उपस्थिति के कारण महारोग के प्रति पूरे महाराष्ट्र में करुणा की लहर सी दौड़ गई थी।

इस वर्ष सम्मेलन के दौरान ही मंसूर कुमार की तबीयत बिगड़ गई थी। वह चार दिन के लिए अस्पताल में भरती हो गया, किंतु अगले पंद्रह दिन के बाद वह एलिचपुर के एक सम्मान–समारोह में आनेवाला था।

मुझसे जो भी मिल रहा था, वह व्यक्ति यही कह रहा था कि मंसूर नहीं आएगा। उसकी तबीयत खराब है। मैं कह रहा था, ''मंसूर हर साल आता है। वह अवश्य आएगा।''

''अवश्य आएगा! ऐसा तू क्यों कह रहा है रे बंड्या?'' मेरे अखबार के कार्यालय का सहयोगी अनिल पूछ रहा था।

''इसके दो कारण हैं।''

''कौन से?''

''पहला कारण यह है कि मंसूर अब भी प्रधानमंत्री महोदया से नाराज है। देश की स्वतंत्रता की चाहत में उसने जीवन जीया है। पुराने संस्कार अब भी उस पर हावी हैं। वह चाहे जैसा भी हो, लेकिन मैडम अब भी एक तानाशाह हैं, ऐसा उसे लगता है।''

''हूँ!'' कुछ बुझे स्वर में अनिल ने हुँकारी भरी।

''तानाशाह, हमेशा तानाशाह ही होता है, मंसूर ऐसा, अपने भाषणों में अकसर कहा करता है।''

''येस! और अप्पा, मैडम से जुड़ गए हैं। इसलिए मंसूर को उनके प्रति बहुत रोष है।''

''अच्छा! इसलिए वह नहीं आएगा, ऐसा तुम्हें लगता है?'' मैंने अनिल से पूछा।

''सिर्फ लगता ही नहीं, बल्कि पूरा विश्वास है।''

''ओके ऽ-'' कुछ अविश्वास से अनिल ने कहा, ''वह एलिचपुर में आएगा, ऐसा क्यों लगता है?''

''एलिचपुर के प्रख्यात गायक पंडित हरिहरदास उर्फ 'बड़े बाबासाहब विलायची' अपनी उम्र के सौ साल पूरे कर रहे हैं। आजकल के इस युग में सौ साल का होना एक दुर्लभ बात है। फिर एक गायक शतायुषी हो रहा है। 'बड़े बाबासाहब' तो अब भी रियाज करते हैं, वे इतने स्वस्थ हैं।''

''इस समारोह की घोषणा होने के पूर्व तक मैंने उनका नाम भी नहीं सुना था।''

''बिल्कुल, क्योंकि जिस समय गजल गायकी को प्रतिष्ठा प्राप्त नहीं थी, उस काल में पंडितजी ने अपनी गजल गायकी से पूरे विश्व में गजल के संगीत का जादू बिखेरा, परंतु पिछले पचास सालों से वे लोगों के समक्ष शायद ही कभी आए हों। मंसूर कृतज्ञता व्यक्त करने जरूर आएगा। मंसूर के आने से पंडितजी का नाम पुनः लोगों की जुबाँ पर चढ़ जाएगा!...आखिर मंसूर के नाम में ही तो जादू है। वह जौहरी है। लोग भले उसकी आलोचना करें, किंतु वह जिस रत्न को स्पर्श करता है, वह लोगों के लिए अनमोल हो जाता है।''

''लेकिन क्या ऐसा हो सकता है?'' अनिल ने पूछा, ''मंसूर की तबीयत वास्तव में बिगड़ गई होगी और वह न आ सका हो!''

''जी! बिल्कुल ऐसा हो सकता है, पर इसे सिद्ध करने के लिए अगले साल के सम्मेलन तक इंतजार करने की जरूरत नहीं है। मंसूर जब पंडितजी के गौरव-समारोह में शामिल होने के लिए एलिचपुर आएगा तो कुछ देर के लिए अप्पाजी से मिलने, वर्धा जरूर जाएगा, ऐसा आयोजकों को लगता है। मंसूर यदि वर्धा नहीं आता है तो तुम जो कह रहे हो, वही वास्तविकता होगी। नागपुर हवाई अड्डे से जाते या आते, यदि वह वर्धा आता है, तो जो मैं कह

रहा हूँ, वही सच्चाई होगी।''

और आखिर वही हुआ।

मंसूर नागपुर हवाई अड्डे से सीधे एलिचपुर गया। वापसी के दौरान एक दिन अमरावती में रुका, पर वर्धा नहीं गया।

अनिल और मैं, प्रेस रिपोर्टिंग के लिए एलिचपुर गए थे। मंसूर ने वहाँ गाया। पंडितजी ने भी गाया। मंसूर ने छोटा सा भाषण भी दिया। उस भाषण में उसने जो कुछ भी कहा, वह कुछ दिनों तक चर्चा का विषय बना रहा।

मंसूर ने कहा, ''…साहिबान! पंडितजी, केवल आसामी नहीं, खुदा की खुदाई भी हैं। पंडितजी के चरण चूमते हुए मुझे लगा कि संगीत की दुनिया में सर्वत्र मोहब्बत पक्की करें, इसीलिए अल्लाह ने यह रसूल भेजा है,…मित्रों! आज की दुनिया नकाब में जीती है। मुखौटे लगाकर चलती है। येशू का मुखौटा पहननेवाले पशु यहाँ अधिक हैं। भगवान् मानकर किसी का पैर छूने जाओ तो वहाँ पर जानवरों के खुर दिखाई देने लगते हैं…ऐसी बेकार दुनिया में दूसरी तरफ मामूली आदमी की तरह जीवन जीनेवाले पंडितजी, ये इनसान न होकर भगवान् हैं, इनकी पहचान हमें अब तो होनी ही चाहिए…''

मंसूर की आलोचना का इशारा विनोबाजी की ओर है, ऐसा कुछ लोगों को लगा। रात को अमरावती में होटल लौटने के बाद भी अनिल कुछ बोल नहीं रहा था। हम लोगों ने अपने-अपने समाचार-पत्रों को रिपोर्टिंग भेज दी। बीच-बीच में अनिल मुझे घूरकर देख लिया करता था। मैं प्रतिभावान पत्रकार हूँ और मेरा भविष्य बहुत ही उज्ज्वल है, ऐसा उसे गहरा संदेह हो रहा होगा।

मैं अंदर-ही-अंदर बेचैन हो रहा था।

मंसूर अप्पा से इतना नाराज होगा, इसकी मुझे बिल्कुल कल्पना नहीं थी। गणित कुछ अधिक ही बिगड़ गया है, ऐसा मुझे लग रहा था। पिछले साल की, प्रोफेसर भालेराव की बात मुझे याद आ रही थी। कुष्ठ कार्य या प्रजातंत्र! दोनों में से एक की स्पष्ट भूमिका मंसूर ने स्वीकार कर ली थी। एक साधारण व्यक्ति के जीवन में किस बात की कितनी अहमियत होनी चाहिए, यह भी इससे स्पष्ट हो रहा था।

□

1985

स्टेडियम पूरी तरह खचाखच भर गया था। जैसे किसी अंतरराष्ट्रीय क्रिकेट मैच के लिए लोगों की भीड़ उमड़ पड़ती है, उसी तरह आज के गौरव-समारोह में लोगों का जन-सैलाब उमड़ पड़ा था। कुष्ठरोग जैसे नीरस क्षेत्र में कार्य करते हुए अप्पा मार्जनी 'गुरुजी' ने अपना पूरा जीवन समर्पित कर दिया था, आज उनका भव्य सम्मान-समारोह था और इस अवसर पर उन्हें तीन करोड़ रुपयों की थैली अर्पित की जानेवाली थी।

आज मंच पर भी अभूतपूर्व दृश्य घटित होने जा रहा था, इसलिए भालेराव भी परेशान एवं व्यस्त था, इसे बड़ी दूर से ही हम लोग महसूस कर रहे थे। हिंदी सिनेमा जगत् के कई मशहूर अभिनेता, अभिनेत्रियाँ, गायक, लेखक, लेखिका, समाजवादी नेतागण, मुख्यमंत्री पाटील एवं अन्य कई मंत्री मौजूद थे।

प्रारंभ में गीत, प्रार्थना और कुछ भाषण हुए। हमेशा 'सुखनिधान' में गानेवाला अप्पाजी का लाड़ला गायक कलाकार आज कहीं नजर नहीं आ रहा था। देर से ही सही, मगर अप्पा के यथार्थ के बारे में मंसूर अब जान गया था, ऐसा अप्पा के विरोधी कहने लगे थे और अब तक मंसूर के गीतों के कार्यक्रम को न पसंद करनेवाले लोग उसे चाहने लगे थे।

अप्पाजी की आरती अपने चरम पर थी। अब प्रमुख वक्ता का भाषण प्रारंभ हुआ।

"...हम साहित्यकार केवल शब्दों से ही अनुनय-विनय करने की कोशिश करते हैं। प्राय: हम इन शब्दों के अर्थों से कोसों दूर होते हैं, जबकि अप्पा

साहब अर्थों की मीनार खड़ी करते हैं और वहीं से उनके शब्दों को एक विशिष्ट आकार प्राप्त होने लगता है (तालियाँ)। इतना महान् जीवनलक्षी साहित्यकार, सावरकर और सानेगुरुजी के बाद मैंने किसी दूसरे को नहीं देखा (तालियाँ)। अप्पा साहब को यदि नाटककार होना होता तो इस समय वे शिवाजी मंदिर* के बाहर गेट पर नए नाटक की पृष्ठभूमि रचते या फिर रॉयल्टी के लिए निर्माताओं से विवाद करते। यह भी नहीं तो फिर किसी नई अभिनेत्री के संग…(हँसी) मैं कुछ स्वतंत्रता ले रहा हूँ। (हलकी हँसी)…अर्थात् नई अभिनेत्री के साथ मैं स्वतंत्र हूँ, ऐसा अर्थ न लगाएँ। (जोरदार हँसी)…मुझे आज बोलने दीजिए (फिर हँसी का ठहाका)…अप्पा मुझे बोलने की छूट दें। (ठहाका)…बंधुओ! अप्पाजी को नाटककार नहीं होना था। उन्हें जीवन में ऊँचा उठना था, प्रत्यक्ष रूप से जीवन का दान देना था। जिंदगी के बारे में कुछ कहना था, इसीलिए नाटककार भी बने। मुंबई की यह जनता आज उन्हें सिर पर उठाकर घूम रही है। इस जीवन की बजाय यदि वे नाटककार होने की चेष्टा करते तो मुंबई की जनता उन्हें स्वीकार नहीं करती। (तालियाँ) और अप्पा, शिवाजी मंदिर के बाहर…(हँसी की फुलवारी…)

"…रंग, रूप, जाति-पाँति, धन, सत्ता इत्यादि किसी भी प्रकार का भेद परमेश्वर ने नहीं किया है। परमेश्वर ने प्रत्येक को सौंदर्य प्रदान किया है। प्रत्येक व्यक्ति अपने अंतर्मन से सौंदर्यशाली होता है, अप्पाजी ने सर्वप्रथम इस बात का अहसास कराया, बंधुओं… (तालियाँ)…अप्पा साहब का हम कुरूपों पर कितना उपकार है! (तालियाँ व ठहाके)…अप्पा करुणा के उच्चतम शिखर हैं। (तालियाँ) बचपन में हमारे घर एक फोटो हुआ करता था। एक ओर से देखने पर उसमें येशू तो दूसरी ओर से बुद्ध और सामने से देखने पर गांधी दिखाई देते थे। बंधुओं! अप्पा साहब की ओर मैं कौन से दृष्टिकोण से देखूँ? (तालियाँ और मंद हँसी) आज यदि वही तसवीर लगाने की सोचूँ तो तीनों ओर से सिर्फ अप्पा साहब ही दिखाई पड़ेंगे। (तालियों की प्रचंड गड़गड़ाहट) येशू, बुद्ध और गांधी इन तीनों का प्रतिबिंब अप्पा में मौजूद है। (ताली)…"

*शिवाजी मंदिर— मुंबई के दादर में स्थित एक नाट्यगृह का नाम है।

"...अप्पाजी ने कुष्ठ रोगियों को तलहट से ऐसे ऊपर उठाया है (साभिनय)। लोग डरते थे। एक तो वे कुष्ठ रोगी हैं, इसलिए और दूसरे अपने को कूड़ा-कर्कट मानकर! यह पराक्रमी महान् व्यक्ति जन्म ले, इसलिए बधिर उँगलियों की तमाम विकलांग आत्माएँ विलाप कर रही थीं। इस तरह का असामान्य साहस करने के लिए ईश्वर को भी जन्म लेने का मोह होता है। बंधुओं! मुझे यदि कोई पूछेगा कि आपने कभी परमेश्वर को देखा है? तो एक क्षण का भी विलंब न करते हुए निस्संकोच रूप से मैं बताऊँगा, मित्र! मैंने परमेश्वर को सिर्फ देखा ही नहीं, बल्कि उसे स्पर्श भी किया है, अनुभव किया है। उसका आशीर्वाद लिया है। (तालियों की गड़गड़ाहट)..."

इसके बाद वक्ता ने अपना भाषण समापन की ओर मोड़ा।

मैं डॉ. रावेरकर की ओर देख रहा था, विमलताई को भी देख रहा था।

"सुन लिया न?" मैंने कहा।

"बहुत सुंदर है! अरे कुष्ठ रोग जैसे अस्पृश्य विषय पर कितनी जागृति पैदा की है अप्पा ने! क्या अप्पा का यह योगदान तुम अमान्य कर रहे हो?"

डॉ. रावेरकर ने मुझसे पूछा।

"नहीं, लेकिन मुझे भय लग रहा है कि वे वास्तव में कहीं अपने आप को भगवान् न समझ बैठें! और आप इस यात्रा के मूकदर्शक बने बैठे हैं? क्या इस चट्टान से कोई गंगा फूटेगी?"

सामने तीन करोड़ रुपयों की थैली के अर्पण का कार्यक्रम संपन्न हो रहा था। दूरबीन की जरूरत थी। अप्पा के चेहरे का भाव पढ़ना था। खैर! कल समाचार-पत्रों में या फिर न्यूजरील में देखने को मिल जाएगा।

अप्पा अपने सम्मान का उत्तर देने के लिए खड़े हुए।

सारा स्टेडियम उन्हें सुनने के लिए शांत हो गया। कुछ क्षणों तक वे कुछ भी नहीं बोले। उसके बाद हल्की खाँसी और गला खखारने का स्वर आया। फिर कुछ क्षण ऐसे ही बीत गए।

"मित्रों!" अप्पा बोलने लगे, "आप लोगों ने आज मुझे परमेश्वर बना दिया, किंतु परमेश्वर आप लोगों पर हँस रहा होगा। आप लोगों की भावनाओं

का मैं अनादर नहीं करना चाहता, किंतु मुझे सिर्फ इतना ही कहना है कि आप लोगों ने मेरे प्रति जो भावना व्यक्त की है, मैं उसके योग्य नहीं हूँ।''

अप्पा की आवाज भारी हो गई। इसके कारण कइयों की आँखें नम हो गईं होंगी। उस आवाज में एक अलौकिक जादू था। अप्पा एक नाटककार भी हैं, यह अलग बात है, परंतु (अच्छे भाव से) वे सचमुच एक महान् अभिनेता बन सकते थे। उनकी आवाज का करिश्मा इस वक्त देखा जा सकता था।

'' मैंने आज तक जो भी कार्य किया, उसकी यह पूर्ति नहीं है। मैं और भी कार्य करूँ, इसका यह आदेश है, ऐसा मैं मानता हूँ। (तालियाँ) अभी किसी ने नोबेल पुरस्कार का जिक्र किया...हम सभी बड़े भुलक्कड़ होते हैं। इसी भोली भूल की कृतज्ञता का आरोप हम पर लग सकता है। अरे! मैं तो कुष्ठ कार्य का एक सेनापति हो सकता हूँ, किंतु राजा का तो आपको परिचय ही नहीं है। आप लोग मुझे परमेश्वर कहते हैं। सच्चे परमेश्वर को यदि आप लोग पहचान लेंगे तो मैं अपने आप को बड़े अभिमान से देवदूत मान लूँगा। आप लोगों का नोबेल पुरस्कार यदि मुझे मिलता है तो बड़े शौक से मुझे वह चाहिए। इससे कुष्ठ कार्य की ओर लोग बड़ी सहृदयता और खुले दिल से देखेंगे...किंतु मुझसे पहले इस कार्य का नोबेल पुरस्कार यदि किसी को मिलना चाहिए तो उस व्यक्ति को, जिसे हम सभी भूल चुके हैं... ''

...स्टेडियम में सुगबुगाहट शुरू हो गई। यह खुसुर-फुसुर की आवाज वातारण में अपनी छाप छोड़ रही थी।

''उस व्यक्ति का नाम लेने की आवश्यकता है?...(शांति)...मुझे लगता है, आवश्यकता है। इस रोग की रामबाण औषधि के शोध के पूर्व ही उस व्यक्ति ने कहा था कि कुष्ठ रोगियों को घर में रखिए। दवा उपलब्ध होने पर मैंने अपना कार्य आरंभ किया। औषधि के प्रचार के लिए यह समय भी अनुकूल था, लेकिन कोई अपने घर रुकने के लिए राजी ही नहीं था।''

डॉ. रावेरकर हँस रहे थे। उन्होंने मेरी ओर देखा। बोले, ''देखो, बंड्या! हो गया न तुम्हारा समाधान? स्टेज पर न जाते हुए भी ऐसा सम्मान हो सकता है!''

अपनी आँखों से छलक रहे आँसुओं को मैं रोक नहीं पा रहा था, न तो पोंछ ही रहा था। एक महान् व्यक्ति के बारे में मैंने, नाहक अपने मन में परायापन पाल रखा है, ऐसा मुझे लग रहा था।

"मैंने लिख रखा है। कह भी रहा था···मैंने तुमसे नहीं कहा था कि अप्पा एक आदर्श पेशेंट है। देखो! कितना पेशंस रखा है उसने, पैंतीस साल! इतनी बड़ी संख्या में लोग सुनने आए हैं कि वह क्या बोल रहा है! अप्पा, योग्य समय पर ज्ञान प्रदर्शित कर रहा है। कल यह सब अखबारों में छपकर आएगा। संपादकीय में लिखा जाएगा! लोग विचार करेंगे! जनजागृति की नाड़ी, अप्पा अच्छी तरह से जानता है।" डॉक्टर बोल रहे थे। चश्मा उतारकर विमलताई अपनी आँखें पोंछ रही थीं।

लाउडस्पीकरों से अप्पा की आवाज कानों में गूँज रही थी।

पूरे विश्व में इस योजना पर अमल हो रहा है, किंतु मैंने उसे अभी अमल में नहीं लाया। सभी को अपने अस्तित्व की चिंता तो होती है। पर अब आश्रम बंद होना ही चाहिए, इससे मेरी पहचान भले ही खत्म हो जाए, इसकी अब मुझे कोई चिंता नहीं है···"

आपस में चल रही लोगों की खुसुर-फुसुर अब उग्र रूप धारण कर रही थी।

शांत हो जाइए! गड़बड़ न करें! आज तक मैंने आप लोगों को धोखा दिया, ऐसा न समझें। किंतु आज भी आश्रम बंद करने की घोषणा यदि मैं नहीं करता हूँ, तो फिर आप लोगों के साथ दगाबाजी होगी, ऐसा सिद्ध हो जाएगा।···मित्रों! जिस व्यक्ति ने मुझे स्वस्थ बनाया, प्रशिक्षण दिया, वह एक विश्व-विख्यात, सर्वश्रेष्ठ डॉक्टर, विशेषज्ञ व वैज्ञानिक है। उसकी आज्ञा का पालन करने की मैंने भरसक कोशिश की, पर मैं कायर था, डरपोक था। मुझे मेरा मंदिर बड़ा अच्छा लग रहा था। लेकिन आप लोग मुझे क्षमा करें। मैं कमजोर और आत्मकेंद्रित था, इसीलिए आप लोगों ने मुझे सिर पर बैठाया। आज धीरज बँधा है···कुछ हिम्मत जुटा पाया हूँ···ठहरिए···आप लोग गड़बड़ न करें। आश्रम बंद कर दिया, इसका मतलब यह नहीं होता है कि दवाखाना

बंद हो गया, अब अनावश्यक प्रशंसा को बंद किया जाना चाहिए। अस्पताल रहेंगे, आश्रम नहीं! जो लोग ठीक हो गए हैं, स्वस्थ हैं, उन्हें मैं घर वापस भेज दूँगा। आश्रम के कमरों को खाली किया जाएगा। समाज को अब रोगियों को अपनाना ही होगा। जो समाज ऐसे लोगों को स्वीकार नहीं करेगा वह समाज इनसानों का नहीं, जानवरों का है, ऐसा मैं मानूँगा। ऐसे समाज से मेरा कोई संबंध नहीं रह जाएगा···।

मित्रों! चाहे जो भी हो जाए आश्रम बंद करके उनके स्थान पर अस्पताल बनाए जाएँ, इसका अहसास मुझे साठ के दशक में ही हो गया था। इसके लिए मैंने कोशिश भी की, किंतु समाज ने एक बहुत बड़ी दीवार खड़ी कर दी। मैं इस दीवार को तोड़ नहीं सका। यही मेरा सबसे बड़ा पराभव था। फिर दीवारों की पपड़ियाँ निकलने लगीं। अंत में मैंने इन दीवारों पर नक्काशी बना दी। यही कारण है कि आज आप लोग मेरा सत्कार कर रहे हैं।

बंधुओं! कुष्ठ रोगी स्वतः आकर मेरे आश्रम में रहने लगे। वे जब ठीक हो जाते तो मैं उन्हें उनके घर जाने के लिए कहता। तब वे सोचते, जैसे मैं उनके वहाँ रहने के अधिकार को छीन रहा हूँ! आश्रम में रहना उन्हें उनका अधिकार लग रहा था। यह मेरे कार्य का दूसरा पराभव था। कुछ रोगी स्वस्थ होकर घर गए भी, किंतु मजबूरी में उन्हें वापस लौटना पड़ा, क्योंकि घरवालों और समाज ने उन्हें लताड़ दिया···। मेरा यह पराभव आप लोगों ने किया था।

"साथियों! यदि आप लोग अपने इस कृत्य के लिए माफी माँगेगे, तब मेरा सही मायने में सम्मान होगा। अब मैं आश्रम का रूपांतरण अस्पताल में कर रहा हूँ। स्वस्थ कुष्ठ रोगियों को पुनः उन्हें उनके घर में रहने दिया जाए, यह जिम्मेदारी समाज की है, बल्कि समाज का यह एक कर्तव्य भी है। मैं तो यही कहूँगा कि रोगियों का उपचार घर से ही होना चाहिए, किंतु आप लोगों को अभी इस बात का अहसास नहीं है, ऐसा मुझे लगता है।

मित्रों! मैंने संकल्प किया था, यह सच है, किंतु इसका परिवर्तन अब 'वैकल्य' में हो गया है···।

बारंबार मेरा गौरव होता रहा, इससे मेरी आत्मा की संवेदना सुन्न हो

गई। कार्यरत उँगलियाँ क्षीण हो गईं, वे कुरूप हो चुकी हैं। इन बातों का अहसास मुझे हो रहा था। मुझे मानसिक कुष्ठरोग हो रहा था, यह जानकारी हो रही थी आज मैंने घोषित कर दिया, इसलिए आप लोग मुझे अपनी गलतियों को सुधारने का एक अवसर दें।

अंतत: मानवीय अस्तित्व का मतलब क्या है? हमारे होने का अर्थ क्या है, इसका विचार करें। हम सभी अपने जीवन में किसी–न–किसी रूप में कुष्ठरोगी हैं और हम लोग अपनी मुक्ति इस महारोग से नहीं करते, न तो दूसरी को इस रोग से बचाते हैं। परिवार, समाज, राजनीति, साहित्य, कला···कहीं–न–कहीं हमारा अस्तित्व महारोगी सा होता है···हम लोग अपना तिरस्कार नहीं करते हैं, न तो समाज से अपने आपको अलिप्त रखते हैं, फिर वे बेचारे, जो केवल शारीरिक रूप से महारोगी हैं, उनको हम लोग बहिष्कृत क्यों करते हैं?

"आप लोगों को कुष्ठ कार्य की महत्ता समझ में आ गई है और साथ ही आप लोगों का मुझ पर इतना प्रेम है, ऐसा मैं मानता हूँ, समझता हूँ, इसीलिए खुलकर बोल रहा हूँ।

"अब आप लोगों के दिलों में इस क्षण दो प्रश्न उठ रहे होंगे। आप लोग शायद इसीलिए कुछ उद्विग्न भी हैं। आपके प्रश्नों का जवाब मैं दूँगा। पहला प्रश्न, वह विश्वविख्यात डॉक्टर कौन है? और दूसरा प्रश्न, इन तीन करोड़ रुपयों की थैली का क्या होगा···?"

लोग तीन करोड़ रुपयों को लेकर असमंजस में थे, इसलिए वे सचमुच शांत हो गए।

"मित्रों! महाराष्ट्र में ही कुल साढ़े चार लाख कुष्ठरोगी हैं। महाराष्ट्र के ही कुष्ठ रोगियों के लिए आपने यह थैली दी है, ऐसा मान लिया जाए तो हर रोगी के लिए आपने मुझे छियासठ रुपए दिए हैं। आश्रम बंद करने के बाद हमें प्रत्येक रोगी के घर जाकर उन्हें औषधियाँ देनी होंगी। औषधियाँ बड़ी सस्ती हैं, किंतु उन्हें घर ले जाकर देने का खर्च प्रतिदिन बीस रुपए है, अतः वास्तविक कार्य के लिए इन तीन करोड़ रुपयों का कोई खास महत्त्व नहीं रह जाता।"

…हाँ, तो अब मैं उस डॉक्टर का नाम बताता हूँ—डॉक्टर वामन देवदत्त रावेरकर। उन्होंने अब सभी कार्यों का त्याग करके अज्ञातवास स्वीकार कर लिया है। वे आपकी मुंबई में ही रहते हैं…किंतु अब कल से ही आप लोग उनके पैर छूने के लिए तांता न लगाएँ। उन्हें सुख की जिंदगी जीने दें। वे आज इस कार्यक्रम में आए भी हैं या नहीं? इस बात की मुझे आशंका है… ।

तो मित्रों! 'रावेरकर फाउंडेशन' यह 'थ्री-डी प्रोग्राम' का फॉर्मूला पूरे विश्व में प्रसारित करनेवाला फाउंडेशन है। ये तीन करोड़ रुपए मैं उस फाउंडेशन को देनेवाला हूँ। आपके पैसों का उपयोग, किसी छोटे से आश्रम के माध्यम से चुनिंदा लोगों को ही हो, इसकी बजाय फाउंडेशन के माध्यम से कुष्ठ नियंत्रण का कार्य, जो विश्व स्तर पर हो रहा है, पूरे व्यापक स्तर से हो, यही न्यायोचित है। ऐसी मेरी धारणा है और मुझे अपने इस निर्णय से विचलित करने की कोई कोशिश न करे।

"आप लोगों ने मुझे जो स्नेह दिया, जो सम्मान दिया, मेरी भक्ति की, मुझ पर श्रद्धा रखी…आप सभी का मैं अत्यंत ऋणी हूँ। जिस कुष्ठ रोग के कारण आप लोगों ने मुझे अपना भगवान् माना, उस जटिल समस्या का निवारण करनेवाले उपेक्षित डॉ. रावेरकर का स्मरण करें, उन्हें याद रखें, यही सही अर्थों में मेरा गुणगान होगा।"

हाथ जोड़ते हुए अप्पा नीचे बैठ गए। दिग्भ्रमित हुए, अचंभित लोगों को उनका भाषण कब समाप्त हुआ, इसकी सुधि ही नहीं रही। अशोक कुमार आभार व्यक्त करने के लिए जब खड़े हुए तो हम लोग वहाँ से निकलने लगे। विमलताई बार-बार अपनी आँखों का चश्मा उतार रही थीं। अपने आँचल से आँखों के आँसुओं को पोंछ रही थीं।

हम लोग स्टेडियम से बाहर आ गए।

"अप्पा से मिलेंगे?" मैंने पूछा।

डॉक्टर हँस रहे थे।

फिर वे ही बोले, "चलो, नरीमन प्वॉइंट चलते हैं। हम लोग चलते हुए गए। बहुत रात नहीं हुई थी और सड़क पर भीड़-भाड़ भी नहीं थी। मोटर

गाड़ियाँ पूरी रफ्तार से दौड़ रही थीं। इमारतों में बिजलियों का राज स्थापित हो गया था।

नरीमन प्वॉइंट के सँकरे छोर पर फुटपाथ के पास, समुद्र किनारे, मूँगफली लेकर हम एक बेंच पर बैठ गए। समूचा समुद्र चमक रहा था। आसमान साफ था, न बादलों की कोई टुकड़ी, न तेज हवा। चारों तरफ दिखता शांत पानी, बिना किसी हलचल के क्षितिज के पार तक फैला हुआ खुला।

''आपकी क्या राय बनी?'' विमलताई ने डॉक्टर से पूछा।

''किस सिलसिले में?''

''अप्पा के भाषण के बारे में?''

बहुत भाव-विभोर होकर बोला, ''मुझे प्रसिद्धि नहीं चाहिए, यह बात वह नहीं समझता। मैंने हर कार्य 'अपने लिए' किया है। कुष्ठ कार्य भी मैंने अपने आनंद के लिए किया है। यदि अप्पा यह कार्य समाज के लिए कर रहा है, तो वह प्रसिद्ध हो, और आज की तरह दु:खी भी हो। इस तरह पेश आया इसलिए दु:खी, और न आता तो घुटन से कुढ़कर दु:खी होता।···और वह गधा है···कहता है, डॉ. रावेरकर को नोबेल पुरस्कार दें···! उसने जाना ही नहीं, न मुझे, न स्वयं को!''

□□□